青少年
－积极心理学－

刘利广 著

中国商业出版社

图书在版编目（CIP）数据

青少年积极心理学 / 刘利广著 . -- 北京：中国商业出版社，2021.1
ISBN 978-7-5208-1241-2

Ⅰ . ①青… Ⅱ . ①刘… Ⅲ . ①青少年心理学 Ⅳ . ① B844.2

中国版本图书馆 CIP 数据核字（2020）第 161084 号

责任编辑：杨林蔚 佟 彤

中国商业出版社出版发行
010-63180647 www.c-cbook.com
（100053 北京广安门内报国寺 1 号）
新华书店经销
三河市长城印刷有限公司印刷

*

710 毫米 ×1000 毫米 16 开 12.5 印张 165 千字
2021 年 1 月第 1 版 2021 年 1 月第 1 次印刷
定价：48.00 元

****

（如有印装质量问题可更换）

前言

　　成长是什么？每个人对于成长的理解都不相同，有人觉得成长很简单，日复一日，年复一年，自然而然就长大了；有人觉得成长很复杂，要经历重重磨难，要遭遇各种坎坷挫折，才能到达理想的彼岸；有人觉得成长要明确目标，勇往直前，风雨无阻；有人觉得成长不能急功近利，应该带着随心所欲、随遇而安的惬意与安然，毕竟人生处处都是好风景……每个人都有权利选择自己想要的生活，然而人生最终呈现出的样子，却往往不以人的意志为转移。成长，归根结底是极具个性的人生履历，每个人都会羡慕他人的成功，或许也可以套用他人的成功模式，但却无法复制属于他人的成功。因为对于每个人而言，最大的成功就是拥有自己想要的生活，活出独属于自己的充实与精彩。

　　青春期是儿童走向成人的过渡阶段，走过青春期，孩子也就成为大人，正式踏上人生旅程。在幼儿园阶段，孩子每天吃喝玩乐，大多数时候都是在家和幼儿园里活动；小学阶段，孩子主要是培养学习习惯，学习任务相对较轻，学习生活轻松愉快，日子在来往于家和学校之间过得飞快；进入青春期，孩子也开始了初高中阶段的学习，这一阶段学习任务越来越重，学习压力越来越大。而且在这一阶段，孩子也会发现，和小学阶段简单的人际关系相比，初高中阶段的人际关系变得越来越复杂，他们不但要完成学业，还要学会与身边的人相处，欢乐确实增多了，但苦恼也相伴而生。

　　有些青少年开始思考：成长到底是什么？应当如何面对成长？又该如何

更好地成长？归根结底，成长是为人生积累底蕴的过程。

有这样一则寓言故事：一个年轻人翻山越岭，在山谷里迷了路。很快天黑了，他四处乱撞，但就是找不到正确的方向走出大山。山风那么寒冷，那么凛冽，他非常恐惧，感觉全身的毛发都竖立起来了！这时，夜空中突然传来一个声音，对他说："年轻人，地上有很多石子，你赶紧捡几颗吧，天亮之后它们就会派上用场的！"他不知道这个声音是从哪里传来的，因而拼命地奔跑起来。没想到，这个声音却如影随形，不断地响起："年轻人，地上有石子，捡几颗吧，天亮会有用的！"渐渐地，这个声音几乎在哀求了，就像妈妈在说话，在年轻人耳边回荡："年轻人，地上有石子，捡几颗啊，天亮会有用的！"年轻人将信将疑，弯腰随手捡起几颗石子，因为恐惧，他就像抓住救命稻草一样，把石子紧紧攥在手心。就这样，年轻人手里握着几颗石子，最终奇迹般地走出了茫茫大山。

天亮了，年轻人想看看自己手里攥着的到底是什么东西，居然有如此神奇的魔力。他缓缓地张开手心，看到自己手里攥着的竟然是闪闪发光的金子。他恍然大悟：原来，昨天晚上那个把自己吓得魂飞魄散的声音竟然是善意的！年轻人很后悔，早知道这些小石子会变成金子，他昨天晚上应该多捡几颗啊！可当他回头望时，只见黑压压的大山层层叠叠，连绵起伏……他根本找不到走进峡谷的路了。

看到这个寓言故事，也许有的青少年会觉得难以置信，有的青少年会不以为然。的确，这个寓言故事有些荒诞：石子怎么会变成金子呢？没错，真正的石子是不会变成金子的。但是，在成长的过程中，作为青少年如果能够坚持进步，点滴积累，最终就会得到很多的"金子"。这些"金子"就是平日里在学习中收获的知识，是在父母的严厉要求下坚持发展的兴趣爱好，是与同学朋友在一起的谈笑风生中感悟到的道理。人生中，从没有任何事是白白经历的，最终都会在岁月的沉淀下，在时光的打磨下，变成成长道路中闪闪发光的"珍珠"，照亮我们前行的路。

在看似漫长的人生道路上，青少年坚持学习，努力踏遍荆棘，冲过各种阻碍，最终会发现自己握着的是"金子"。原来，成长就是坚持不懈，成长就是风雨无阻，成长就是笑到最后，成长就是勇攀高峰！

所以，不要再觉得成长很辛苦。相比起成年人背负着沉重生活压力依然向前，青少年又有何理由抱怨人生的不如意、抱怨学习太辛苦呢？青少年朋友们，你们要知道，你们今天所坚持付出的点滴努力，最终都会变成你们成长道路上的阶梯，指引你们前进。也许老师的严厉要求让你倍感压力，但是总有一天你会感谢老师对你的鞭策和激励；也许父母的过高要求让你抓狂，但是总有一天你会感谢父母始终不弃地督促着你，引领你取得最终的胜利！

古人云："少壮不努力，老大徒伤悲。"作为青少年，如果在成长的道路上不曾吃苦，那么将来就会吃更多的苦，甚至吃一辈子的苦。认清这个道理，青少年朋友就不会再怨声载道，就不会再愤愤不平，而是会知道自己此时此刻拥有的生活，就是最美好的生活，就是最幸福的生活，也是满怀希望的生活。

在成长的历程中，不管面对怎样的艰难坎坷，青少年朋友都要怀着积极向上的心，都要坚定不移地朝着自己既定的目标，踏踏实实地走好每一步。正如大文豪鲁迅先生所说的，这个世界上本没有路，走的人多了，也就变成了路。积极乐观的青少年，哪怕脚下遍布荆棘，前途一片茫然，也要不忘初心，砥砺前行，让人生之路在自己的脚下无限延伸出去，直奔大好前程！

目 录

第一章　培养正确价值观，树立青少年的人生标杆

读书，是为了自己 // 2
树立远大的人生志向 // 6
让梦想照进现实 // 10
激发学习的内部驱动力 // 13
拥有发现美好的眼睛 // 17
天时地利人和是成功的要素 // 20
不积跬步，无以至千里 // 23
好的大学给你人生无限可能 // 27
不畏错误，不避困难 // 31
关于生与死的思考 // 35

第二章　铸就坚定信念，人生才能勇敢无畏地前行

自己的事情自己做 // 40
战胜恐惧，勇敢前行 // 43
自信，是每个人心中的脊梁 // 48
坚持到底就是胜利 // 52
坚定信念，冲破迷雾 // 55
扛起沉甸甸的责任 // 58
何时开始都不算晚 // 61

戒掉拖延，成功始于当下 // 64
摆脱焦虑的困扰 // 68
不抱怨，才能解决问题 // 72
与寂寞共处 // 75
感受快乐，赶走抑郁 // 79
心怀希望，点亮人生的明灯 // 84
心若改变，世界也随之改变 // 88
把压力转化为动力 // 91

第三章　培养和发展核心能力，成为无可取代的自己

学孙悟空七十二变 // 96
变则通，通则灵 // 100
唤醒记忆的宝藏 // 103
会说话，你就赢了 // 108
以国学作为人生的底蕴 // 112
打破极限，激发无限的潜能 // 116
只与自己比 // 120
接受不能改变的，改变可以改变的 // 123

第四章　十年树木百年树人，以优秀品质奠定人生的基石

常怀感恩之心 // 128
心怀宽容，远离仇恨 // 131
尊重自己，尊重他人 // 135
男孩子要拥有绅士风范，把妈妈当成女生对待 // 138
不求最贵，只求最好 // 142
不逃避，勇敢承担责任 // 147
诚实是可贵的品质 // 151
百善孝为先 // 155
感恩老师 // 159

第五章　爱自己爱生活，余生有限不负余年

生活需要仪式感 // 164

赠人玫瑰，手有余香 // 168

别让爱成为误解的源头 // 171

爱自己，才能爱他人 // 174

不给他人添麻烦 // 177

缺位的生命教育 // 181

珍惜生命，活着是最大的成功 // 184

后　记 // 189

第一章
培养正确价值观，
树立青少年的人生标杆

价值观是稳定而又持久的。人生就像是在漫无边际的大海上航行，如果没有罗盘和指南针，就会失去方向，茫然不知所踪。价值观，恰恰相当于定海神针，有了正确价值观的指引，青少年才能坚持正确的方向，坚持人生的原则，也才能实现自己的梦想，创造自己的价值。

读书，是为了自己

很多青少年朋友都不知道，他们读书到底是为了什么。每当看到父母满怀期望的眼神，每当看到在讲台上诲人不倦的老师，他们感到困惑：为何父母和老师总是要求我要好好学习，天天向上呢？他们误以为读书是为了让父母骄傲，是为了让老师满意。正是在这种心态的影响下，每当读书累了、学习倦了，他们就难免懈怠，原本提起来的一口气就这样全都松懈下去，整个人就像泄了气的皮球一样干瘪、无望。由此可见，只是为了满足他人的愿望而读书，是很难拥有持久的动力的，也无法取得良好的效果。

我们尊敬的伟大无产阶级革命家周恩来曾说过："为中华之崛起而读书。"作为普通人，我们也许没有周恩来那么伟大的志向，也没有忧国忧民的情怀，但是，我们依然要树立远大志向，要认识到读书是为了自己。很多父母都为无法有效激励自己的孩子读书而苦恼，也有些父母想方设法逼着孩子去读书，结果却收效甚微。其实，最好的方式就是引导孩子明确读书的目的，即为了自己读书，这样孩子才会全心投入学习，也才会激发出学习的力量。

陈强的学习成绩在班级里始终处于中等水平。自从升入初三，学习任务加重，学习压力增大，陈强的学习成绩非但没有提高，反而出现下降趋势。初三第一次月考，陈强从班级20多名下降到30多名，也就是倒数之列，在年级8个班的排名，也从前200名下降到前250名。初三第一次月考，学生们的成绩普遍不太好，学校马上紧急召开初三年级的家长会，进行升学总动员。家长会后，老师特意把陈强妈妈留下来，说："陈强妈妈，陈强这次考试成绩下降明显，原本我还想让他冲刺重点高中呢，毕竟他很聪明，学习上悟性也很强。但是看目前的情况，每个班级里只有10名同学能够考入重点高中，看来陈强还需要投入更多的时间来提升学习成绩啊。"前10名才能考入重点高中，陈强却排名30多，已经进入后10名了，妈妈不由得泄了气，对陈强说："我现在也不求你能考入重点高中了，只求你能考上普通高中，否则连大学都没有机会考！"陈强也没有信心，对妈妈所说的话不置可否。

一个周末，妈妈要去省重点高中办事情，因为正好要送陈强去看爷爷奶奶，所以她就带着陈强一起去了。阳春三月，春暖花开，省重点高中的校园看起来非常气派，丝毫也不比大学校园逊色。而且，校园里书香浓郁，皎皎白玉兰正在绽放。陈强欣赏着书香校园的静谧与美丽，耳边突然传来琅琅的读书声，原来是有个同学正站在玉兰树下早读呢！陈强的心中怦然一动：这不就是我梦想中的校园吗？陈强忍不住对妈妈说："妈妈，这个学校真气派，我真的很喜欢啊。"妈妈微笑着对陈强说："孩子，妈妈此前和现在最大的心愿，就是希望你能考入这所学校。这对于你的人生而言将是重大的转折点。"陈强有些激动地对妈妈说："妈妈，距离中考还有大半年的时间呢，相信我，我一定能考入这所重点高中！因为我喜欢这里，我做梦都想在这样的校园里读书！"

在这个伟大志向的激励下，陈强咬紧牙关开始勤学苦读。他不但要把现在的功课学会，还勤加补习初一和初二的重点内容。从此之后，他没有一个晚上在11点前睡觉，没有一个早晨在6点钟之后起床。每当困得头昏脑涨时，他就翻看手机里省重点高中的那棵玉兰树的照片，看着照片里正在玉兰树下读书的身影，幻想着如果是自己正站在玉兰树下读书那该有多美好。

充实忙碌的时光总是过得飞快，转眼之间就到了中考的日子。陈强考试的感觉非常好，出了考场就对着妈妈比出胜利的手势。果然，他以超出录取线3分的成绩考取了省重点高中。妈妈欣喜若狂，陈强却说："妈妈，我只比分数线高出3分，还有很大的进步空间。听说，北京大学的校园更加漂亮，我接下来的目标是冲刺北京大学！"妈妈看着积极自信的陈强，激动得落泪了。

如果孩子不曾意识到学习的重要性，不能发自内心地激发学习的力量，那么不管老师多么着急，父母多么忧虑，孩子都会丝毫不着急，这就是典型的"皇帝不急太监急"。父母在激励孩子读书时，切勿本末倒置，不要总是要求孩子必须为父母增光，也不要总是要求孩子不能拖班级的后腿，或者不能给班主任的脸上抹黑。努力学习，是孩子的本职任务，父母在激励孩子学习时无须感到心虚，更没有必要找出各种不相干的理由鼓励孩子，也不要采取各种不必要的奖励方式激励孩子。这些方法尽管能够在短时间内起效，但是对于激发孩子的学习动力，让孩子认识到是在为了自己读书相比，效果并不好。

每一个孩子都应该把读书学习作为己任，这样才能刻苦努力地学习，也才能做到胜不骄败不馁,始终都充满动力地努力向上。人生之路很漫长,孩子才刚刚踏上人生的道路,也许此刻他会觉得学习是很艰巨的任务,但是父母却很清楚,将来孩子一定会遇到比学习更大的挑战。每个人最大的敌人都是自己,读书既是为了自己,也要战胜自己!青少年朋友们,为了自己,请发奋苦读吧,你今天积累的点点滴滴的知识,将来都会汇入你生命的河流,灌溉你的人生!

树立远大的人生志向

"不想当将军的士兵不是好士兵",这句话简直尽人皆知。为此,人们常常用这句话激励那些没有志向的人,想要帮助他们树立伟大的志向。也的确是在这句话的激励下,有很多人都树立了远大的志向,开启了崭新的人生。当然,也有少数人走了极端,自从树立远大志向后,就不愿意再脚踏实地地做好现在的事情,而是眼高手低,好高骛远。其实,"不想当将军的士兵不是好士兵",这句话是拿破仑说的。不过,拿破仑并非只说了这一句话,还有下一句呢,即"但是,当不好士兵的士兵绝对当不好将军"。看到这句话,你是否会有恍然大悟的感觉:原来,当好士兵是当好将军的前提啊!一个人如果总是眼高于顶,有些不切实际的幻想,是无法真正做成大事的。由此可见,青少年一定要脚踏实地,既要本本分分做好自己该做的事情,也要树立远大志向,在打牢基础的前提下,激发自身的潜能,才能有更加卓越的表现。

习近平总书记说:"青年人正处于学习的黄金时期,应该把学习作为首要任务,作为一种责任、一种精神追求、一种生活方式,树立梦想从学习开始、事业靠本领成就的观念,让勤奋学习成为青春远航的动力,让增长本领成为青春搏击的能量。"作为青少年,虽然距离青年还有一小段距离,但是如果不在青少年时期努力学习,又如何在青年时期大展宏图呢?

人生的每一个阶段都不是独立存在的，而是线性地环环相扣。缺少任何一环，整个人生线条的连贯性和流畅性就会受到影响。在远大志向的指引下，在全力以赴的努力中，青少年才能发掘出自身的能力，夯实学习的基础，为将来的发展做好准备。

秦王嬴政统一六国，建立了秦王朝，自称始皇。为了抵抗匈奴来犯，秦始皇耗费了大量的人力和物力，建造了长城，后来又动用囚犯，修建了阿房宫，耗尽国力，民不聊生。

秦始皇死后，秦二世即位，不但对老百姓征收重税，而且还施行酷刑。老百姓流离失所，家破人亡，对秦二世怨声载道。公元前209年，陈胜、吴广带领人民揭竿起义。

陈胜出身贫苦，年轻时当雇农。有一次，在长时间劳作后，大家都坐在田间地头休息，陈胜猛地把农具扔到田埂上，长叹一声，说："以后，我们之中有谁飞黄腾达了，可不要忘记大家！"听了陈胜的话，大家都笑起来，说："我们都是雇农，连自己的土地都没有，你怎么还做梦要飞黄腾达呢！"陈胜叹息道："燕雀安知鸿鹄之志哉！"在那时，陈胜就已经有了鸿鹄之志。

公元前209年7月，两个军官监押900名壮丁去渔阳戍边，陈胜、吴广也在其中。行进期间，天降大雨，道路被淹，耽搁了行程，大家都要掉脑袋。陈胜说："耽搁行程是死，造反也是死，不如造反吧！"老百姓原本就对秦二世心怀不满，当即对陈胜的提议表示赞同。为了笼络人心，他们还利用当时的人非常迷信的心理，用朱砂在白绸上写下"陈胜王"三个大字塞入鱼肚子里。兵士们剖开鱼肚，发现绸缎，震惊不已。趁着夜深人静，吴广又神不知鬼不觉地跑到营房不远处的一座破庙里，点燃篝火，假装狐狸的叫声喊道："大楚兴，陈胜王。"全体将士听到之后更是惊恐不已。

做好准备工作，陈胜杀死了押解他们的官员，召集了所有人，说："男子汉大丈夫要死得其所，王侯将相也不是天生的！"就这样，陈胜、吴广发动反秦起义，"斩木为兵，揭竿为旗"，点燃了有史以来第一次农民大起义的烽火。后来，陈胜和吴广带领起义军打下了陈县，得到百姓拥护，被拥戴为王，国号"张楚"。

什么样的人才能改变命运呢？有勇气，有胆识，有魄力，还是有际遇？这些因素对于改变命运固然重要，但是却不是最重要的。一个人要想改变命运，最重要的是要有改变命运的决心，即要有远大的志向。在这个事例中，陈胜之所以能够从一介草民，生活在社会最底层，靠着给人当雇农才能生存，到最终被拥护为王，还名入青史，就是因为他早在当雇农时就对自己的现状不满意，就对自己的人生有想法。和其他雇农的认命相比，陈胜显然不认命，而且还想改变命运。最终，他在危急时刻率领众人揭竿起义，改变了自己的命运，也改变了历史的走向。

在西方国家，有个富人在临终之际留下了一个谜题，问：和富人相比，穷人缺少什么？大家给出的答案各不相同，有的人说缺少胆识，有的人说缺少见识，有的人说缺少钱，有的人说缺少机遇。这些形形色色的答案的确是很多穷人所缺少的，但是都不是正确回答。直到谜底揭晓，大家才知道，穷人比富人缺少的，是野心。所谓野心，正是理想和志向，也是人生的引航灯。这就像人们在黑暗中摸索着前行，如果心中没有光的指引，就找不到前进的方向。只有在光的指引下，人们才能始终向着未来前行，才能始终心怀希望。

如今，世界和平，中国越来越强盛。作为新时代的青少年，虽然无须忧国忧民，却不要忘记自己肩负着的历史使命。正如伟大领袖毛泽东所说的，少年强则国强，每一个青少年都要树立远大志向，都要坚持学习，这样才能实现自身的价值，也才能为国家做出贡献。

让梦想照进现实

说起梦想，大家都会想起伟大的人，觉得只有伟大的人才有伟大的梦想，也只有伟大的梦想才能成就璀璨和辉煌。那么，平凡的人呢，就不应该拥有伟大的梦想吗？当然不是。梦想，并非因为创造它的人是伟大的人而伟大，哪怕是平凡的人，也能拥有伟大的梦想。一个平凡的人会因为实现了伟大的梦想而伟大，人生也因此而熠熠闪光。

青少年正处于人生中蓬勃向上的阶段，更应该拥有伟大的梦想。当然，拥有梦想很容易，也许是一个想法、一个点子，就会让我们的内心燃起希望，就会支撑起我们对未来的憧憬。但是要把梦想照进现实，要把梦想变成现实，却是很难的。这就要求青少年在树立梦想的时候切勿好高骛远，不要为了追求伟大而让梦想不切实际，而是要意识到，梦想如果只是悬浮于空中，而不能脚踏实地，就失去了现实的意义。每个人拥有梦想的终极目标，恰恰是让梦想变成现实。所以在确立梦想的时候，青少年既要让梦想远大，也要让梦想符合实际，这样梦想才能照进现实，进而变成现实。

面对远大的梦想，有人会说，这太难了，我们做不到啊。先不要畏惧困难，更不要忙着放弃，因为明天你能成为什么样的人，取决于你今天想成为什么样的人。

有了梦想，黑人的孩子（奥巴马）可以成为美国总统；

有了梦想，跑龙套的小角色（周星驰）可以成为喜剧之王；

有了梦想，放羊的孩子（莱特兄弟）可以发明飞机飞上天空；

有了梦想，普通工人家庭的孩子（郎朗）可以成为钢琴王子；

坚持梦想，谁都了不起！

当然，仅仅是确立梦想还远远不够，还要憧憬未来，也要切实展开行动实现梦想。毫无疑问，通往梦想的道路很艰难，但正因如此，才能表现出梦想的可贵。如果在通往梦想的道路上如履平地，人人都能轻而易举地实现梦想，那么梦想也就不再是梦想。

1921年8月，罗斯福和全家一起在坎波贝洛岛度假。看到山上着火，罗斯福赶去救火，好不容易才和大家齐心协力扑灭大火。他觉得又累又热，因而跳入冰冷的海水中洗澡，却感到海水刺骨，所以赶紧上岸。当天晚上，罗斯福就开始发烧，而且出现双腿麻痹的症状。经过医生诊断，判断罗斯福患上了脊髓灰质炎。

在当时，医疗条件非常落后，无法很好地治疗脊髓灰质炎。就这样，原本正值壮年，且在政治上前途无限的罗斯福，瘫痪在床，暂时退出了政坛。绝大多数人都认为罗斯福要从此离开政坛，却没想到在休养的几年时间里，罗斯福从来没有忘记自己从政的梦想。他不能行走，就在地上爬行，而且当着家人的面爬行，他就是想逼着自己面对惨状，从而锻炼自己的意志力。看到罗斯福的样子，妻子感到很伤心，但是罗斯福依然坚持去做。经过几年的时间，罗斯福终于可以站立了。1924年，罗斯福怀揣着梦想，参加了民主党全国代表大会，发表了精彩的演讲，吸引了很多人的关注。1928年秋季，罗斯福当选纽约州州长，并且获得连任。1929年，美国正面临着有史以来最严重的经济危机，百业萧条，罗斯福临危受命，当选美国第32任总统。此后，他连续四届担任美国总统，带领美国人民度过了重重危机，是美国历史上最重要的总统之一。

如果没有梦想，对于一个原本能跑能跳、前途无限的中年男人来说，突然间不得不瘫痪在床，生活是很难支撑下去的。但是，罗斯福不管遭遇怎样的痛苦，始终都没有放弃梦想。他一心一意想要从政，在经过几年的锻炼后勇敢地站起来，参加各种集会，发表精彩的演讲，让自己再次走入大众的视野，赢得大众的信任和支持。

对于整个人类而言，正是因为有了对生命的无限探求和追求，生命才能延续下去。对于每一个独立的生命体而言，只有始终渴望实现梦想，坚持追求目标，人生才能充满活力。而梦想，恰恰是人生中的指明灯。每一个怀揣梦想的人都是富有的，每一个为了梦想披荆斩棘、负重前行的人，都能走出人生的丛林，走向最终的成功。作为青少年，要想获得世界上最大的奖赏，你就必须拥有伟大的梦想，也必须承担起开拓者的责任，全力以赴地把梦想转化为现实，还要在乘风破浪的过程中不畏惧、不退缩，始终不忘初心。

激发学习的内部驱动力

前几天在网上看到一则新闻,说一个学霸孩子跳楼身亡了,妈妈扑在他的身上哀号:"我再也不逼着你学习了,我再也不逼着你写作业了!"不知道从什么时候开始,学习不再是孩子心甘情愿主动去做的事情,而是变成了父母和他们之间的一场战争,虽然没有硝烟,但却惨烈异常。近些年来,青少年因为学习压力大、不堪重负而跳楼自杀的事情时有发生,很多成人都忍不住质问:社会到底怎么了,孩子到底怎么了?如果孩子连学习的压力都承受不了,将来还如何立足于社会呢?其实,不是孩子不能承受学习的压力,只是他们不愿意这样委屈地去学习。

毫无疑问,学习是一件辛苦的事情,需要长期坚持付出和努力,既要耗费时间和精力,也要耗费大量的心力。孩子天生不喜欢学习这很正常,就像很多成人不喜欢上班一样。如果不是因为生存压力所迫,又有多少成人愿意每天按时按点地去上班呢?因而作为父母,要理解孩子时不时想偷懒的心思,也要理解孩子偶尔开小差的行为。那么,到底怎么做才能让孩子在长时间内保持良好的学习心态呢?为了达到这个目的,父母们八仙过海,各显神通,或者许诺给孩子各种诱人的奖励,或者威胁孩子如果不好好学习就会遭受怎样的惩罚,总之离不开威逼利诱。

从心理学的角度来说,孩子学习的动力可以分为外部驱动力和内部驱动力。外部驱动力是从外部刺激得来的，产生的效果相对比较差，维持的时间也比较短；内部驱动力是从内部得来的，是孩子自发的，产生的效果相对比较好，维持的时间也比较长。显而易见，对于孩子来说，内部驱动力是更为一劳永逸的解决方法，可以让孩子在长时间内保持良好的学习状态，对学习的态度更加积极。诸如孩子认识到读书是为了自己的道理，或者树立了远大的目标，确立了梦想，因而发奋读书，都属于得到了内部驱动力。而外部驱动力，则是孩子从外界刺激上得来的。很多父母许诺孩子考试成绩好，就奖励金钱给孩子，或者许诺孩子只要认真完成作业，就可以玩半个小时游戏，这些方式都是激发孩子努力学习的外部驱动力。如果父母总是频繁地使用这些方式刺激孩子产生对学习的热情，那么渐渐地孩子就会变得越来越麻木。例如，原本父母奖励100元，孩子就会发奋读书，争取考出好成绩，但是当父母经常奖励孩子100元，孩子就会渐渐地对100元无感，根本不稀罕得到100元，也不拿父母的奖励当回事。这样一来，100元的奖励产生的效果就越来越差。也有些孩子在此过程中会变得越来越贪婪，他们会和父母讲条件，希望父母能够给他们奖励200元，甚至更多。不得不说，这对于父母会是一个沉重的负担，而且会使孩子误以为他们学习的目的就是给父母脸上增光，就是让父母能够开心。有朝一日如果孩子既不稀罕得到奖金，也不想再给父母脸上增光，他们还有动力学习吗？这就是外部驱动力的危害。

  作为父母，要想让孩子长期保持良好的学习状态，切勿鼠目寸光，不要只想着采取效果立竿见影的方法刺激孩子，而是要把目光看得长远，引导孩子认识到读书和学习的意义，也要引导孩子发自内心地热爱学习，主动学习。

  自从上次期末考试考好得到了妈妈200元的奖励后，娜娜对于学习的热情越来越强了。看着娜娜突然有了这样的转变，妈妈觉得很欣慰，还几次三番在爸爸面前说："看看吧，我的办法多么灵验啊，孩子就像变了一个人一样。"爸爸笑而不语，说："我还是保留我的意见，以观后效。"原来，爸爸并不赞成妈妈用金钱奖励娜娜，而是建议妈妈为娜娜买书，或者带着娜娜去一次游乐场。但是，妈妈坚持认为不管是买书还是去游乐场，都很麻烦，耗时费力，也未必能取得最好的效果。所以她就直接奖励娜娜现金了。

新学期开学的第一次月考中，娜娜成绩也不错，妈妈又奖励了娜娜200元。后来，很快就要到期中考试的日子了，娜娜问妈妈："妈妈，这次考试给我多少钱啊？"妈妈听到娜娜理直气壮的话，不由得感到惊讶："每次考试都要给钱吗？"娜娜很惊讶："当然。不过，我觉得像期中期末这种大考，您应该多给我奖励些钱，像月考等小考，200元还凑合。"妈妈的耳边回响起爸爸的话："你可别让娜娜觉得她考试就是为了赚钱。"妈妈正色对娜娜说："娜娜，这次考试没有现金奖励，不过妈妈可以送你一套200元左右的书，你可以自己挑选。"妈妈的话音刚落，娜娜就噘起小嘴巴："为什么啊，不是说好了每次考试都奖励200元吗？我这还想着让您提升奖励的金额呢，您反倒降低了，真没意思！"妈妈坚决地说："以后都不奖励现金了，否则你还以为你考试就是为了赚钱呢！学习是你自己的事情，考得好说明你掌握了知识，考得不好说明你学得不好，需要加油，就是这么简单！我只能送书给你，还要在考好的前提下，你爱要不要！"娜娜整个晚上都无精打采。

几天之后，期中考试成绩出来了，娜娜的成绩很不理想，堪称一落千丈。看到原本一直成绩稳中有升的娜娜这次居然遭遇了滑铁卢，老师也很纳闷，当即找到娜娜妈妈谈话。娜娜妈妈羞愧地说："老师，这件事情我有责任，我之前给娜娜下了猛药，给她奖励了现金，现在奖励取消了，她就一泻千里了。"老师连连摇头:"哎呀呀,我开家长会几次三番强调不要给孩子太多的金钱和物质奖励,看看,这就出事了吧。你现在想要纠正孩子,可是很难呢,更要花费力气和时间呢!既然已经这样了,也别太着急,慢慢给孩子做工作吧。"

娜娜妈妈花了整整半年多的时间,才帮助娜娜适应了没有奖励的考试,娜娜的成绩也渐渐地恢复了平稳。

花钱买孩子好好学习,这样能换来孩子真心热爱学习吗?当然不能。作为父母,不管多么想激励孩子努力认真地学习,拼尽全力去学习,都不要轻易采取物质和金钱奖励的方式。对孩子而言,学习是一项需要长期坚持付出和努力才能做好的事情,是一项特别艰巨的任务。学习不是朝夕之间可以完成的,更不是三天两天就能见到成效的。父母一定要放下急功近利的想法,尊重孩子的成长节奏,耐心地陪伴孩子度过学习的瓶颈阶段。正如一首歌所唱的,"不经历风雨怎能见彩虹,没有人能随随便便成功"。很多父母都羡慕别人家的孩子学习习惯好,学习能力强,却不知道别人家的父母是如何对待孩子、用心培养孩子的。

每朵花都有不同的花期,每个孩子也都有自己的成长规律。作为父母,不要苛求孩子在所有方面都表现得特别好,也不要强求孩子在学习上只能进步不能退步。其实,学习是一个生态系统,与孩子成长的方方面面都有着千丝万缕的密切联系。父母只有把孩子的学习当成一个整体去看待,去协助孩子调整学习的状态,才能和孩子一起共同进步,共同成长。父母尤其要注重激发孩子的内部驱动力,让孩子真正认识到学习的重要性,也心甘情愿地拼尽全力去学习。相信在长期努力的状态下,孩子一定会实现从量变到质变的过程,也一定会有飞跃式的进步!

拥有发现美好的眼睛

有位名人说,生活中并不缺少美,缺少的只是发现美的眼睛。也有一位名人说,每个人眼中所看到的世界,并非世界真实的模样,而是世界在他们心中所折射出来的样子。这正印证了那句话,"眼睛是心灵的窗口"。作为青少年,除了要看到世界的丑陋之外,更要看到世界的美好,要善于发现世界的真善美。否则,如果眼睛里只看到假丑恶,心中除了抱怨根本容不下任何美好的感情,人生注定阴霾密布。

要想拥有发现美好的眼睛,就要换一个角度看世界。人们常说,耳听为虚,眼见为实,其实,眼睛看到的也未必是真的。对于很多东西,从不同的角度看,就会看到不同的模样。更何况世界是立体生动的,而且处于不断变化之中,青少年就更应该拥有发现美好的眼睛,以发展的眼光看待世界。

在美国,有两个在偏僻乡村长大的年轻人,不约而同地想到如果总是留在乡村里,就不能见识到更为广阔的世界,也不能见识到更多有趣的人和精彩的事情,因此他们决定外出打工。年轻人甲买了车票准备去纽约,年轻人乙买了车票准备去波士顿。他们背着行囊来到车站,趁着还没有上车,赶紧和车站里来来往往的人打听。甲听说纽约人特别冷漠,哪怕问个路，都要付给他们钱，他们才愿意告诉你；乙打听到波士顿人非常质朴，每当看到有人流落街头，无家可归，他们就会深表同情。甲想："还是波士顿好啊，那里的人非常善良，如果实在挣不到钱，还可以乞讨，反正能活着，不会被饿死。"乙想："还是纽约好，怪不得人家都说大城市遍地都是黄金呢，我就算暂时找不到工作，也可以买张地图给人带路，这样总能挣到钱养活自己，不至于去乞讨。"甲和乙你看看我，我看看你，居然产生了同样的想法：和对方换票。就这样，甲去了波士顿，乙去了纽约。

甲到了波士顿，发现波士顿的人真的非常热情。虽然他到了波士顿后一个月都没有找到工作，但是每天都可以在银行大厅里喝免费的水，还可以去大超市里品尝各种免费的点心、熟食等，吃得还很好呢！

乙到了纽约，发现纽约真的是遍地黄金。作为年轻人，他既不吝啬力气，还很爱动脑筋，很轻松就能赚到钱。一开始，他凭着自己作为农村人了解泥土的特长，以极低的价格从建筑工地购买了十几包泥土，再加入腐烂的树叶和透气的沙子，摇身一变就成了"花盆土"，每盆土都价格不菲。就这样，他很快就赚取到人生中的第一桶金，才过去一年，就从流动经营到拥有了属于自己的店面。在做"花盆土"生意的过程中，乙发现有很多商店的招牌都脏兮兮的，和光鲜亮丽的楼外立面形成了巨大的反差。经过打听，他得知那些清洁公司只负责清洁楼的外立面，而不负责清洁商店的招牌。所以他马上就萌生了一个想法，即专门负责擦洗招牌。后来，他的生意非常火爆，公司发展规模也很大，已经有了200多名员工，而且业务辐射到周围的好几个大城市。

生意好了，也有了闲钱，乙想四处走走看看，突然间想起自己若干年前在火车站的遭遇，因而买了去往波士顿的火车票，想去波士顿旅游。他下了火车，看到火车站门口有一个衣衫褴褛的人正在乞讨。他慷慨地掏钱施舍给乞丐，却在看到乞丐的一刹那惊呆了。原来，这个乞丐正是当年在火车站里和他换票的人。

心若改变，世界就会随之改变。当然，这句话是阐述了作为因的心，和作为果的世界。其实，在心与世界的转变之间，还有一个过程，那就是随着心的改变，人们看世界的眼光就会改变。换一个角度看世界，原本的困境也许就会变成机遇，就像事例中同样知道在纽约指路要钱的甲和乙，一个选择了迎难而上抓住机遇，获得成功，另一个选择了畏难退缩，沦为乞丐。现实生活中，面对同样的世界，有的人活得非常精彩，有的人却活得很不如意，正是因为他们看待世界的角度不同，最终也就拥有了截然不同的人生。

俗话说，人生不如意事十之八九。很多成人都觉得孩子生活得很幸福，很多父母都觉得青少年的烦恼是"为赋新词强说愁"。其实，不管是成人还是青少年，都各有各的烦恼。最重要的在于，要始终鼓起勇气去面对，而不要总是被烦恼忧愁击垮。谁的人生没有坎坷与挫折，谁的人生不曾遍地鸡毛呢？但是，一切的困难和不如意都是暂时的，最后的成功必然属于真正的强者。青少年朋友，此时此刻，你正在为一些难题而感到发愁吗？不要畏惧，不要退缩，只要坚定内心，大步流星地向前，你就一定能够战胜困难。当然，在你不断与困难博弈的过程中，说不定困难看到你的坚强勇敢很害怕，自己就先消失了呢。勇敢去做吧，让心中充满希望，让眼中充满光芒！

天时地利人和是成功的要素

"小小少年,很少烦恼,眼望四周阳光照;小小少年,很少烦恼,但愿永远这样好。一年一年时间飞跑,小小少年在长高,随着年岁由小变大,他的烦恼增加了……"在大多数父母心中,孩子有吃有喝,从不需要为生计发愁,每天除了吃喝玩乐,只需要承担一些学习的任务,生活得无忧无虑,非常幸福。为此,他们觉得孩子是没有烦恼的。然而,随着不断地成长,孩子的烦恼越来越多,尤其是进入青春期,从一个儿童变成了一名少年,孩子不但心智发展更成熟,心思更细腻,而且烦恼也随之增多了。如果说小学阶段孩子只需要为学习发愁,那么进入初高中阶段,人际关系将会成为困扰孩子的一个大难题。尤其是现代社会中,大多数孩子都是独生子女,从一出生就得到父母所有的关爱和照顾,就得到长辈的呵护和疼爱,已经成为家里的小公主、小皇帝,习惯了独占家里所有的资源,独得家中所有人的宠爱,那么进入校园里,他们如何能够与老师、同学和谐相处呢?

如今,很多孩子都养成了以自我为中心的思维习惯,他们不管考虑什么事情,都会从自我的角度出发,只考虑到自我的需要,而忽略他人的需求和感受。当他人也是这样的自我主义者时,人与人之间的关系就会变得很紧张,各种矛盾和争执也就会随之产生。很多父母也不重视培养和发展孩子的人际相处能力，他们对孩子唯一的要求就是学习好。有些父母希望孩子听话，也是为了让孩子能够听从父母的指令，把学习成绩提升上去。其实，孩子如果不能成人，没有高尚的品质，没有良好的修养，不能与他人友好相处，即使有再多的才华，也无法成为社会的栋梁，甚至也不可能拥有幸福的人生。

人是群居动物，每个人都要在社会中生活。农耕时代，或许有人可以住在深山老林里自给自足，但是在如今的时代里，一个人脱离了人类社会，是根本不可能生存下去的。让孩子学会交朋友，不但能让孩子拥有朋友相伴，提升孩子人生的幸福指数，也有助于孩子发展人际关系，拥有丰富的人脉资源，获得成功。古人云"得道多助，失道寡助"，就是这个道理。就连在封建时代高高在上的君主都说"得民心者得天下"，由此可见即使贵为天子，也不能脱离人民群众这个基础，更何况是我们普通人呢？朋友，就是在危急关头能够为你舍命的人。有这样的朋友，是人生的大幸运。

真心的朋友可以为你两肋插刀，也可以在危急时刻把生的机会让给你。虽然这样的朋友可遇不可求，但是在日常生活中，青少年还是要积极地结交朋友。俗话说，多个敌人多堵墙，多个朋友多条路。没有朋友的人，人生的道路很窄，也越走越短。有很多朋友的人，不管做什么事情，当自身能力不足的时候，就可以得到朋友的帮助，让很多难题都迎刃而解。

有些青少年有着伟大的志向，就更要注重结交朋友。古人云，天时地利人和。要想成功，除了要有天时地利之外，还要有朋友相助。当然，人与人之间的感情都是相互的，没有谁会一味地付出，在和朋友相处的过程中，青少年首先要主动地对朋友付出，这样才能以真心换取朋友的真心。当和朋友之间发生矛盾、产生争执的时候，切勿一味地指责朋友，而要以宽容之心对待朋友，要设身处地为朋友着想，真心地为朋友考量。当朋友感受到我们的真心，自然也会愿意对我们付出。中国历来崇尚礼尚往来，渐渐地，我们与朋友之间的关系就会越来越亲密，感情也会越来越深厚。

不积跬步，无以至千里

在这个世界上，天上从来不会掉馅饼，成功也不会一蹴而就。前几天，笔者和朋友谈起最近几年火得一塌糊涂的自媒体，从公众号到音频、视频，再到直播，自媒体的发展势如破竹，也的确让一些原本默默无闻的人大放异彩。例如，美食博主李子柒，就在国内外拥有大量粉丝，而且还作为中华文化大使出席活动。看着李子柒极具美感的视频，无数人对田园生活心向往之，也对很多古法制作的美食产生了浓厚的兴趣。看到李子柒的成功，很多人都怦然心动：发发视频就能成为年入千万元的美食博主，这也太容易了吧。但是他们没有想到，李子柒在飘飘欲仙的画风背后，付出了多少努力和艰辛。最初，李子柒还没有团队，每天就坚持自己制作视频，既要管理好摄像机，又要作为拍摄对象进行各项活动，有的时候为了找到一个合适的拍摄角度，她不得不爬到高高的树上去固定摄像机。正如一首歌所唱的，"没有人能随随便便成功"。网络浩如烟海，有众多的网民，也有众多的博主。作为一个女博主，要想吸引粉丝的目光并不那么容易，除了要有创新、有想法、有特色之外，最重要的就是能够坚持。而坚持两个字，说起来很容易，要想真正做到却很难。

有人说，成功就是简单的事情重复做，就是把极其简单的事情做到极致。只有这样，才能从量变引起质变，才能从金字塔的底部慢慢做到顶端。而我们作为普通人，看到的恰恰是那些已经从人群中华丽蜕变的人，我们看到了他们的光鲜靓丽，看到了他们的荣耀加身，却唯独忽略了他们曾经饱尝寂寞，曾经无比艰难，曾经独自享受孤独。

随着时代的发展，人心越来越浮躁。曾经，实现一个理想需要漫长的一生；如今，放弃一个理想只需要转念之间。很多人每天梦里有千万条路，早晨醒来却依然只有眼前的一条路。很多人前一刻还雄心壮志，豪情满怀，后一刻就如同泄了气的皮球一样萎靡不振，对未来充满绝望。有相当一部分人在还没有开始之前就放弃了，也有相当一部分在已经开始之后畏缩了。其实，不管是从未尝试，还是半途而废，最终的结局都注定是失败。只有坚持不懈的人才能笑到最后，只有笑到最后的人才能笑得最美。

古今中外，很多成功者之所以能够取得令世人瞩目的成就，并非拥有得天独厚的条件，也并非拥有千载难逢的好机会，而是因为他们都能脚踏实地地从最简单的事情开始做起，他们都能够坚持把别人看不上眼的事情做出成就来。水滴石穿，绳锯木断，恰恰告诉我们坚持的力量有多么强大，又有多么伟大。

汉姆的恐高症非常严重，甚至站在几米高的地方往下看，他都会吓得心惊胆战。然而，他并没有被恐高症吓住，而是坚持锻炼，战胜内心的恐惧。结果，你猜怎么着？汉姆创造了奇迹。1983年，汉姆徒手攀登纽约帝国大厦，获得了成功，被载入吉尼斯世界纪录。从此之后，他获得了一个象征着荣誉的称号——蜘蛛侠。

亲戚朋友们都赶来为汉姆庆祝，作为汉姆最好的朋友，诺曼当然也不能缺席。诺曼到达汉姆家时，汉姆家正在举行盛大的庆祝宴会。原本，诺曼以为全场的焦点一定集中在汉姆身上，但是却没想到，大多数人都围着一个老太太团团转呢。这个老太太是谁？居然有这么大的魅力！曼诺经过了解得知，这位97岁高龄的老太太是汉姆的祖母，她精神矍铄，头脑清醒，神采奕奕。最让人惊奇的是，她既不是由家人送来的，也不是搭乘交通工具来的，而是徒步从100公里之外的家里赶来的。原本，祖母只是想以这种特殊的方式祝贺汉姆，却没想到因此被载入吉尼斯世界纪录，她创造了耄耋老人徒步行走距离最远的纪录。

来自《纽约时报》的记者问汉姆的祖母："老人家，您在产生徒步的想法之前，有没有担心自己的身体吃不消，或者会走到半途就体力不支呢？"汉姆的祖母笑着说："没有担心，因为我很清楚我并不是想要以百米冲刺的速度跑100多公里，我没有给自己任何压力，我只是100米又100米地走着，不知不觉间就走完了100多公里。"

原来，汉姆的祖母之所以能够成功走完100多公里，不是因为她有多么大的雄心壮志，其实她什么都没有想，只是踏踏实实地走完一个又一个100米而已。相信汉姆之所以能够战胜恐高症，创造徒手攀登建筑的吉尼斯世界纪录，就是因为他有决心、有毅力，也有当即展开行动的勇气，也有坚持点点滴滴进步的决心。一个人如果总是好高骛远，眼高于顶，只盯着远大到不切实际的目标，而且还急功近利，恨不得在当下这一刻就取得成功，那么他只会距离成功越来越远。一个人固然要有远大的目标，却也要坚持努力，不断取得小小的进步，这样才能在成长的道路上从不懈怠，勇往直前。古人云，"不积跬步，无以至千里；不积小流，无以成江海"，告诉我们再大的江河湖海，也需要汇聚无数的小流才能变得越来越广阔；再小的步伐，只要坚持不懈地走下去，就能丈量世界的每一个角落。所以人们才说，世界上从没有到达不了的地方。

持之以恒，决不懈怠的道理，很多人都知道，但是却只有很少的人能够做到。尤其是青少年，正处于人生中最为重要的学习和积累阶段，更是要静下心来，踏踏实实地努力前行。虽然如今整个社会都充斥着浮躁的气息，也有些父母因为望子成龙、望女成凤心切，会对孩子提出过高的要求，但是这些都不应该打乱孩子成长的内在节奏，都不应该扰乱孩子脚踏实地学习的决心。

当然，不管是至千里还是成江海，青少年都要有目标。以目标作为人生的引航灯，为人生确定方向，只有在看向远方，也坚持正确方向的基础上，青少年才能把每一个小小的进步积累起来，成为人生中质的飞跃。还记得前言中讲过的那个故事吗？学习尽管辛苦，战胜困难更是要鼓起足够的勇气，但是这一切都不应该限制和禁锢青少年成长。眼下，就像故事中的年轻人一样，看到的也许是石头，但是没关系，把它们捡起来，放在随身背着的背篓中，等到有朝一日走过了这段漫长的岁月，再回过头来看，就会发现自己拥有的哪里是石头啊，都是闪闪发光的金子！

好的大学给你人生无限可能

很多青少年朋友都不理解,父母为何想尽一切办法,都要求他们要考上重点初中,考上重点高中,然后一路绿灯地考入重点大学呢?的确,孩子们可能还无法理解父母的苦心,当看到父母集几代人之力也要买一套学区房,就是为了让他们能够在更好的学校里读书时,他们心中只有隐隐的感动,对于父母的苦心未必能够真正体会到。有些青少年也许会说,不上大学也可以活得很好,例如某某某。说不定,他们还会举例子给父母听呢。

的确,社会生活中,有些人并没有考上好大学,甚至都没有上过大学,也凭着敢想敢干敢闯的精神,走出了自己的人生之路。然而,那是多少年前的事情呢?当时的社会情况和现在的社会情况是不同的。在刚刚改革开放的时候,很多人凭着勇敢就能干成大事,但是如今社会上竞争非常激烈,高学历的人才比比皆是,一个人如果没有知识也没有人脉,要想闯荡出自己的名堂来,是非常困难的。

孩子一定要上一所好大学,并不仅仅是为了得到学历这块敲门砖,而是要用更长的时间去读书,接受大学中浓郁的学术氛围的熏染,既学习了知识、掌握了技能,也认识了很多优秀的人、眼界得以开阔、见识得以增长、思维得以活跃,从而整个人生都变得与众不同。井底之蛙是不知道外面的世界有多大的，只有跳出井底，来到外面广阔的世界，井底之蛙才会有更广阔的成长天地，也才能折腾出自己想要的人生。考上大学的孩子，就像跳出井底的青蛙，从此之后人生的天地更为广阔，人生的未来更为绚烂美好，人生的前途一片光明璀璨。

看不同的世界，才会知道原来人生有一万种可能。人，最可怕的是没有眼界。曾经有人说，人生有三幸，其中一幸就是生在大城市。当然，在农村乡野生活也有拙朴自然的气息，可以享受"采菊东篱下，悠然见南山"的惬意。但是在大城市生活，感受城市生活的快节奏，见证城市里日新月异、翻天覆地的变化，在受到资讯冲击的同时，会得到更多的前沿消息，不知不觉间，人生就进入了更高的层次，眼界更加开阔。

初中毕业，静静考上了五年制的师范专科学校，毕业时，他们是最后一届包分配的学生。静静被分配到家乡县城的一个农村学校里教书。当时，她并不觉得有什么不好，反而觉得住在学校里和孩子们朝夕相处的生活很简单，也很清净。当时，学校里有个30多岁的男老师，在和大家聊天时说："人生有三幸，其中一幸就是生在大城市。"对此，静静不以为然地和男同事辩解："在哪里不都是一样地生活吗？在大城市，每天工作休息，在农村，也是每天工作休息。农村的生活还清净呢，人的心思也简单！"

迄今为止，静静依然记得自己当时说的话。转眼之间，十几年过去，静静的孩子都已经13岁了，正在读初一。在陪着孩子参加学校举行的欢迎初一新生音乐会时，静静突然又想起了同事说的那句话："人生有三幸，其中一幸就是生在大城市。"听着气势磅礴的音乐会，看着那些初中高中的孩子，男生很绅士，女生很淑女，静静问儿子："好听吗？震撼吗？"孩子点点头,说:"妈妈,我也要努力,加入学校的乐队。"静静高兴地点点头,竖起大拇指给孩子点赞。孩子继续说:"听说,我们学校还有机器人兴趣班呢,我也想参加。"静静说:"你们学校是很厉害的,只要你积极上进,将来会有很多机会展示自己。等将来你考入重点大学,会发现世界更广阔,你也会认识更多优秀的人。一个人只有站得高,才能看得远,知道吗?"孩子重重地点点头。静静默默地想:"从普通的师范专科毕业,我付出了多么大的努力,经历了多么久的拼搏,才让你成为有幸生在大城市的孩子啊。希望你将来一定要有出息,可以带着我和爸爸一起看到更广阔的世界!"

环境对人的影响非常大。那些一辈子生活在农村,都没有出过县城的女人,与那些见多识广的现代女性相比,生活非常闭塞。同样地,那些从未上过学,一辈子都当农民工,出苦力的男人,与那些名牌大学毕业,高学历高能力高薪资的职场精英男性相比,就像是井底之蛙。虽然每个人有每个人的生活,但这只是针对那些人生已经定型的人而言的。对于青少年来说,人生还有无限的可能性,一定不要把自己局限在当下的方寸之间,而是要努力拼搏,为人生提供更多的可能。

考上好大学,不但可以得到好学历,还能学习很多重要的知识,更能结识很多和自己同样优秀的人,对于青少年的成长影响深远。现代社会有一个流行用语,叫圈层。圈层不仅仅像圈子那样平面化,而且充实了立体的概念,即既是圈子,也有层次。圈层,即在和自己同类型的群体中凝聚而成的圈子,与现代人的生活联系非常紧密。虽然现代社会早就已经取消了封建时代的森严等级,但是人与人之间依然遵循着人以群分的原则,要有共同的生活背景、相似的人生阅历、相差不多的教育背景,也要志同道合、志趣相投，能在熙熙攘攘的人群中彼此吸引，走得越来越近，最终形成圈层。而青少年能否读大学，将会直接决定他们能够进入怎样的圈层，人生中很多至关重要的转折点就是这样出现的。

　　孩子，你愿意与更多优秀的人为伍，愿意让自己在圈层之中得到更好的发展和成长吗？如果愿意，那么就从现在开始努力吧！

不畏错误,不避困难

很多青少年都会畏惧困难,在想象中,他们把困难无限放大,相比之下,他们就变成了蜷缩在困难脚下的小可怜,只能眼巴巴地看着困难高高在上,而自己则卑躬屈膝。一旦和困难之间形成敌强我弱的态势,再想扭转困难的局面就会很难,因为我们已经先从心理上输掉了。

要想战胜困难,就要牢牢记住一句话:困难像弹簧,你强它就弱,你弱它就强。青少年不管何时都要坚定战胜困难的信心,哪怕遭遇失败,也不要一蹶不振,更不要就此放弃,否则就会彻底失败。正如人们常说的,失败是成功之母,当我们能够踩着失败的阶梯前进,当我们能够从失败中吸取经验和教训,奋发向上,我们就能够在坚持不懈的努力之后,距离成功越来越近。

从某种意义上来说,犯错并不可怕,失败也并不糟糕。尤其是对于青少年而言,人生是那么新鲜,令他们充满好奇。在不断尝试创新和探索的过程中,犯错是必然的,只有正视错误,接纳失败的存在,青少年才能不断地反思,知道自己到底哪里错了,到底哪里需要改进。最可怕的不是面对和改正错误,而是根本不知道自己哪里出错了。这就像是战士在战场上,根本不知道自己的敌人来自何方一样。和顺境的万事如意、春风得意相比,恰恰是逆境的反思和反省,总结的经验和教训,会带给我们更大的进步。

古今中外,那些真正获得成功的人,也许具备很多获得成功的便利条件和有利因素,与此同时,他们还有一个共同点,即顽强不屈的精神,坚持只为成功找方法,坚决不为失败找借口。

拉赛特是大名鼎鼎的生物学教授,经常会看生物学的著作。在阅读过程中,他看到有的生物学著作里有很多错误,因而决定要亲自编撰一本生物学巨著,而且是绝对权威的,内容绝无错误。

听说拉赛特要出版没有任何错误的生物学巨著,业内人士翘首期盼。历经漫长的时间,拉赛特的生物学巨著《夏威夷毒蛇图鉴》终于问世了。业内人士争先购买,他们并非全都对书中的内容感兴趣,而是都因为曾经在生物学著作中犯过错误,受到了拉赛特的攻击,所以迫不及待想要看看这本"绝无错误"的生物学巨著到底有多么正确。

然而,当他们拿到《夏威夷毒蛇图鉴》翻开查看时,不由得一脸愕然,还是忍不住迅速地从第一页翻阅到书本的最后一页。但是,他们并没有看到想看到的东西,因为这本书除了有封面和封底之外,其他的书页都是空白的。他们都赶去询问拉赛特到底是怎么回事,拉赛特镇定从容地回答:"夏威夷没有毒蛇,所以对于夏威夷毒蛇的研究从未有过,所以这本书必然是空白的。"说着,拉赛特教授的眼睛里泛出狡黠的光芒。他得意扬扬地继续说:"这下子,想从我的著作中找错误的人,都要失望了吧!"

原来,拉赛特教授虽然总是挑剔别人的错误,他却心知肚明没有任何著作会绝无错误。为此,他灵机一动,出版了这样一本无字书,来避免犯错。当然,这是一个类似于脑筋急转弯的小故事,给人带来了轻松一刻,并且引人深思。因为没有人能够十全十美，从不犯错。严禁自己犯错，对自己是一种苛求，也会给自己带来巨大的压力。既然对于每个人来说，犯错都是不可避免的，那么不如坦然面对错误，也接受不期而至的失败。

古人云："金无足赤，人无完人。"在这个世界上，没有任何人和事情是绝对完美的。每个人都会犯错，青少年正处于快速成长的过程中，承担着繁重的学习任务，更要把犯错看得理所当然，也要摆正心态，积极地认识和改正错误。错误最大的价值在于，通过认知和反省错误，我们可以吸取经验和教训，这样一来，将来就可以避免再犯同样的错误，也可以让自己各方面的能力更上一层楼。作为青少年，如果总是畏惧错误，逃避困难，就会把自己限制起来，无法进步和成长。人生，正像是拉赛特的著作，只要内容充实，就必然会有错误，除非成为一本无字书，空洞而无物，才能避免错误的产生。

有很多青少年之所以停留在原地，是因为他们被预想中的困难吓住了，很害怕自己能力有限，不能战胜困难，也害怕自己会犯下错误，无法弥补。面对未来，其实无须紧张和恐惧。首先，青少年在成长的过程中，会有很大的进步空间，各方面的能力都在不断增强。其次，事物本身在发展，随着时间不断地推进，原本糟糕的事情也许会朝着更积极的方向发展，原本存在的困难也许会不断地缩小，从不可战胜到能够轻轻松松地战胜。切勿让想象中的困难变成假想敌，阻碍青少年成长和进步的脚步。不管处于人生的哪个阶段，一个人要想坚持进取，最重要的就是勇敢践行。自古以来，有很多人作为先驱，都很勇敢地做出了表率。在中国古代，神农氏尝遍百草，发现了五谷，也找到了很多用于治病的草药；在西方国家，哥伦布勇敢地发现了新大陆。如今，很多人都喜欢吃营养丰富、酸甜可口的西红柿，却不知道在最初的时候西红柿因为颜色鲜艳，被人怀疑为有毒，根本没有人敢吃，只是把西红柿作为观赏植物种植。想想吧，不管是第一个吃螃蟹的人，还是第一个吃西红柿的人，他们都非常勇敢无畏，也成为整个人类的先驱，冒着付出生命代价的危险，为人类丰富了食物的品种，而他们共同的特点就是，不畏错误，不避困难！

关于生与死的思考

很多父母都觉得，青少年正值人生的花季，如旭日东升，距离日落西山还远着呢，无须和孩子讨论生死的问题。其实，每个人从呱呱坠地就开始了向死而生的人生旅程，生与死距离每个人都很近，尤其是死亡，更是每个人或早或晚都要面对的问题，根本逃不掉。

人生过程中，生老病死无可回避。青少年也常常会经历新生命的降生。例如，爸爸妈妈赶时髦，搭乘开放二孩的便车，又生了个小弟弟或者小妹妹。再如，家里的亲戚朋友生了小宝宝。与此同时，青少年也会见证长辈的死亡。如果是关系比较疏远的长辈去世，或许还不会对青少年产生冲击，如果是比较亲近的长辈去世，如家中的爷爷奶奶、姥姥姥爷，那么青少年对于死亡的感触就会更深，受到的冲击也会更大。他们会开始思索：人为什么会死呢？人死了之后，会去哪里呢？死亡是否很痛苦呢？这些问题会在青少年的心中徘徊，如果父母能够为他们解答，或者与他们一起探讨，那么他们会更加深刻地认识生死，也会更加深刻地感悟生命，珍惜生命。

遗憾的是，现实生活中，太多的父母都不愿意和孩子沟通死亡的话题，这是因为父母们都觉得死亡的话题很晦气。实际上，近些年来，随着时代的发展和社会的进步，青少年的生活环境越来越复杂，并不像父母年轻时那样心思单纯、生活简单，生活圈子也很小。所以在不知不觉间，青少年的心理发生了微妙的变化，而父母却一厢情愿地停留在孩子年幼的阶段，丝毫没有意识到他们应该与时俱进地了解孩子的内心状态，理解孩子的情绪感受。再加上如今孩子的学习压力非常大，一则学校的教学任务繁重，二则家长盼望孩子成才心切，每天都盯着孩子的学习情况，渐渐地，亲子关系越来越紧张。很多孩子因为各个方面的压力，导致心理发生变化，从紧张焦虑到崩溃，最终做出不理性的举动。随着青少年自杀的事件越来越多，社会开始关注青少年心理健康问题，极少数父母也开始思考如何与青少年探讨生与死，探讨活着和死亡的意义。

逃避并不能解决问题，很多问题必须直面，拖延只会错失解决问题的最好时机。当然，解决问题还需要讲究方式方法，这样才能起到更好的效果，不然就会导致事与愿违。也有很多父母，本身对于生死的思考就不多，或者从未考虑过生死的问题，那就和孩子一起探讨生命的意义吧。没有人规定作为父母必须比孩子更加高明睿智，父母也可以有很多事情都不懂，最重要的是不要不懂装懂，还不愿意和孩子平等地讨论。如今，孩子接触到更多的信息，思想非常先进，因此父母不要觉得孩子什么都不懂，而是要多多与孩子沟通，了解孩子真实的想法。

和孩子一起探讨生与死，深入探索生命的意义，还可以让孩子更加珍惜生命。2019年初春的某个深夜，在上海，一个17岁的少年从大桥上纵身跳下，没有丝毫犹豫，更没有片刻停留。紧跟其后的妈妈，指尖似乎已经触碰到孩子的衣角，但是却没能挽留孩子的生命。到底是什么原因，让这个孩子义无反顾地结束了自己还很稚嫩的生命呢？事已至此，追究事情的起因已经没有太大的意义，因为不管是父母与孩子之间，还是老师、同学与孩子之间，甚至是陌生人与孩子之间，都有可能发生矛盾和争执。要想避免悲剧的发生,唯一的方法就是让孩子认知生命,感悟生命,珍惜生命。

正如保尔·柯察金所说的,"人,最宝贵的是生命"。生命对于每个人都只有一次机会。在家庭教育中,很多父母都特别看重孩子的学习,把提升孩子的学习成绩作为全家的头等大事,而忽略了孩子的心理健康和感情健康。其实,人是感情动物,每个人都会产生各种情绪,如果孩子没有健康的心理,也不能控制好自己的情绪,很容易就会失控。尤其是在遭遇外界的强烈刺激时,更是会不受控制地做出过激的行为。

生与死,是人生的两极,人生,正是从生的起点出发,走到死亡终点的漫长过程。虽然在人生道路之中,死亡并不始终如影随形,但是它始终在人生的终点向着我们招手。作为青少年,既要明确人生就是向死而生,也不要畏惧死亡。只有无畏无惧,才能在生命中勇往直前;也只有无畏无惧,才能在面对各种艰难坎坷的时候珍惜生命,好好生活。

第二章
铸就坚定信念，
人生才能勇敢无畏地前行

很多青少年都是独生子女，是爸爸妈妈的心肝宝贝。在父母也是独生子女的情况下，青少年更是家里的一棵独苗，集合爷爷奶奶、姥姥姥爷和爸爸妈妈所有的爱。在"4—2—1"的特殊家庭结构中，青少年从小就衣来伸手、饭来张口，从来不为任何事情发愁，不管有什么需求，都能第一时间得到满足。渐渐地，他们性格软弱，依赖性强，独立性差，尤其是在遇到艰难坎坷的时候，很难鼓起信心和勇气，无所畏惧地前行。看到孩子畏缩胆怯的样子，父母先不要急于批评孩子，而是要想一想是否家庭教育出了问题，才会让孩子不够坚强和勇敢。父母只有帮助孩子形成坚定的信念，孩子才会成为人生的强者。

自己的事情自己做

很多父母都抱怨孩子依赖性太强,独立性太差,哪怕是生活中很多简单的小事情,孩子明明有能力做到,也总是等着父母代替他们去做。记得前些年,有网络新闻曝光某大学生第一次吃食堂,居然不认识带壳的鸡蛋,也不会剥鸡蛋;还有的大学生第一次住校,因为不会铺床,而不得不坐在床板上熬过漫漫长夜。其实,不管是剥鸡蛋,还是铺床,都是简单易行的小事情,别说大学生了,就算是小学生,只要用心学习,就能做得很好。由此可见,大学生不会做很多生活中的小事,不是因为他们能力欠缺,而是因为缺乏锻炼。那么,大学生缺乏锻炼是因为太懒惰吗?这个责任还真不能都归咎于大学生。现代社会,大多数父母都陷入教育焦虑状态,觉得孩子唯一的任务就是学习,唯一的光荣就是把功课学好。这样一来,父母总是盯着孩子的学习,而忽略了培养孩子的生活能力,使孩子渐渐成长为"百无一用"的书生,除了学习什么都不会。其实,父母的这种观念和做法是完全错误的。

首先,每个孩子的成长都应该是多方面的,而不是只有学习。就像成人既要工作,也要有丰富多彩的业余生活,还要学会各种生存技能一样,孩子也要在保证健康成长的基础上坚持学习,这样才能全面发展。其次,父母一厢情愿地把学习孤立起来,觉得孩子唯一的任务就是学习,只要孩子做其他事情就会占用宝贵的学习时间，就会消耗精力影响学习。实际上，这么想大错特错。孩子能够掌握更多的生存技能，会锻炼他们的能力，协调他们的发展，也增强他们的自信。一个孩子即使学习再好，却什么事情都不会做，未免会感到自卑，在和同龄人相处时也会落落寡欢，很不合群。所以父母要给孩子一个快乐幸福的童年，就不要一味地盯着孩子的学习，强求孩子只能学习，而是要多多陪伴孩子，和孩子一起玩耍，鼓励孩子多交朋友，也要给孩子机会做各种力所能及的事情。孩子要身心健康地发展，既要不断地提升学习能力，也要形成优秀的品质，还要能够从生活中发现更多的美好，拥有更多的乐趣。最后，父母还要想清楚一点，即孩子终究要长大，离开父母的身边，独自高飞。换言之，父母即使再爱孩子，也无法始终陪伴在孩子身边，更不可能照顾孩子一辈子。有朝一日，父母老了，反而需要得到孩子的照顾。明智的父母与其等到自己老得不能动了逼着孩子去独立，不如早早地培养孩子的独立能力，让孩子不管在生活上还是在学习上都可以独当一面，这才是真的为孩子好，也才是对孩子负责的表现。

有一对老夫妻晚年得子，非常开心。他们把儿子视若珍宝，含在嘴里怕化了，捧在手里怕摔了，什么事情都不让孩子做，就连吃饭都要端到饭桌上喂给孩子吃。就这样，孩子渐渐长大，却越来越骄纵，除了吃喝拉撒和玩耍，不会做任何事情。

因为临时有急事，老两口要出趟远门，他们很担心儿子吃饭的问题。思来想去，赶在临出门前，老婆婆特制了一张特别大的饼，又担心儿子不会主动拿饼吃，老婆婆还别出心裁地在饼中间掏了一个大洞，把饼挂在儿子的脖子上。老婆婆对儿子千叮咛万嘱咐："饿了就吃饼，吃完了这边就转一转，再吃另一边，这样等到饼吃完了，我们也就回来了。"儿子不耐烦地点头，压根没听到老婆婆的话。

过了七八天，老两口回来了，却发现儿子已经死在床上。原来，儿子只吃了靠着嘴巴的一点点大饼，并没有把其他地方的大饼转过来吃掉。而且，他只吃大饼，都没有从水缸里舀水喝。老两口扑在儿子的身上号啕大哭，但是儿子再也回不来了。

这是一个寓言故事，虽然未必是真的，但是揭示的道理却很深刻。看起来，很多父母抚养的孩子都没有到看着大饼却被饿死的程度，但是仔细想一想，这些孩子真的具备独立生活的能力吗？离开了父母，他们真的能够生活得很好吗？尤其是青少年，已经走过了儿童阶段，步入了青春期，接下来就会长大成人，独立走向社会。父母再也不要把青少年当成小孩子对待，更不要总是凡事都为青少年代劳。孩子总要长大，等到羽翼丰满的时候，一定会离开父母的身边独立生活，何不早早地培养他们的独立能力，既给他们自信，也让他们可以早日成人呢？

父母要知道，对于青少年而言，最大的成功不是学习成绩多么好，而是身心健康发展，能够克服自身的性格缺陷，能够发扬自己的长处，对社会做出贡献。那么父母在培养青少年的过程中，首先要帮助青少年保持身心健康，其次要认清青少年的性格缺陷，帮助青少年完善性格。学习成绩不好，还可以补习，但是如果内心很阴暗，青少年人生的方方面面就都会受到影响。所以从现在开始，父母就要致力于完善青少年的性格，培养青少年的独立性，让青少年将来可以更好地立足社会。

战胜恐惧，勇敢前行

数千年来，中国人已经习惯了谦逊含蓄，往往在得到他人的赞美时，会连声地否认："哪里，哪里！惭愧，惭愧！"不得不说，这样不分青红皂白地含蓄，放在如今的时代背景下并不合时宜。现代社会竞争异常激烈，好机会千载难逢，每个人都想抓住机会得到发展，如果一味地谦虚低调，就只会错失良机。尤其是在职场上，对于一个很好的职位，成年人更是角逐激烈。诸如面试，就是向面试官展示自己、推销自己的过程，千万不要过度谦虚，更不要否定自己。

也许是因为受到传统思想的影响，也许是因为看到父母都很谦虚，也许是因为缺乏自信，很多青少年也往往会表现出怯懦胆小的一面，在面对很多未知事物时，他们还会表现出莫名的恐惧，总是畏畏缩缩，胆战心惊。当然，每个孩子的性格是不同的，也不排除有些孩子天生胆小。不管孩子因何感到恐惧，父母都要多多鼓励孩子，帮助孩子锻炼胆量。这样孩子才会越来越勇敢，驱散内心的恐惧，勇敢地面对成长。

胆小的孩子还有一个非常明显的表现，即缺乏主见，遇到事情思来想去，就是拿不定主意。很多事情，如果能够当机立断地做出决断，说不定就能抓住时机，有更好的表现。反之，一旦犹豫不决，就会错失良机，使事情的发展变得非常糟糕。

人生不如意事十之八九，没有谁的人生会永远一帆风顺。纪录片《中国医生》，让人看到了疾病的可怕，也让人意识到健康的可贵。即使生活中没有那么多困难，人的身体也会有出问题的时候，如果没有一颗勇敢坚毅的心，如何能够战胜疾病，恢复健康呢？由此可见，对于每个人来说，勇敢都很重要。然而，恐惧却是人天生的情绪，对于未知的事物，对于糟糕的结果，对于不能承受的生命重量，每个人都会本能地感到恐惧。

要想让青少年勇敢坚强，战胜恐惧，就要做到以下几点。

首先，遇到困难，父母要多多鼓励青少年，而不要批评和打击青少年。在成长的过程中，每个孩子都会遇到很多难题，也会犯各种错误。越是在这样的时刻，青少年越是需要父母的认可和鼓励，越是需要得到父母的支持和帮助。父母是青少年最信任和依赖的人，父母的一句鼓励，就会让青少年鼓起信心；父母一句无心的批评，就会让青少年对自己信心全无。

其次，营造民主的家庭氛围，让青少年成为小主人。很多父母在家里都搞一言堂，不管做什么事情，从来不告诉孩子，更不会征求孩子的意见。哪怕是与孩子有关的事情，他们也都代替孩子做主，居高临下地对孩子下达命令。在这样的家庭氛围中成长，孩子也许会表现得很听话，但是他们也会渐渐变得怯懦。家，是孩子从出生就赖以生存的地方，如果在家里孩子都不能畅所欲言，走入学校等社会环境中，他们又怎么敢积极地表达心声呢？有很多青少年虽然已经长得比父母还高了，但还是像小孩一样见到陌生人就害羞，在课堂上不敢提问和回答问题，面对老师和同学都不敢正常交往，就是因为他们很胆怯。要想避免这种情况发生，父母就要鼓励青少年和朋友交往，也要把青少年当成家庭的小主人，让他们积极地参与家庭事务。

最后，青少年要勇敢地挑战自己。每个人最大的敌人就是自己，很多时候，困住我们的不是别人，恰恰是我们自己。作为青少年，要认识到这一点，从而积极主动地突破和超越自己。

1874年11月30日，丘吉尔出生在英国一个很有名望、血统高贵的贵族世家。丘吉尔看起来有些蠢笨，上课的时候总是心不在焉，神游物外，而且还口吃。他的成绩在班级里倒数第一，但是他对此不以为然。每当看到丘吉尔呆头呆脑的样子，老师就对他心生厌烦。

有一天，老师看到丘吉尔躲在教室的角落里发呆，因而生气地问："丘吉尔，你又在胡思乱想什么？"但是，丘吉尔对老师的话充耳不闻，结果被老师狠狠地训斥，"丘吉尔，你真是给你父亲丢脸，将来，你怕是要靠着你父亲当寄生虫吧！""不……不……不……不……不，我……我……我……我要当当当演讲讲讲家家。"丘吉尔结结巴巴地回答，惹得同学们哄堂大笑。丘吉尔着急起来，连一个字都说不出来了。

丘吉尔的自尊心受到伤害，他强忍住泪水，小脸憋得通红。回到家里，父亲猜到丘吉尔受到了欺负，看到丘吉尔一反常态没有哭闹，非常奇怪，赶紧跟在丘吉尔身后追问。丘吉尔说："我我我要当当演讲家家。"说完，丘吉尔就回到房间，对着镜子，开始练习说话。他花费了很多的时间和精力，终于可以说出一句完整的话了。

从此之后，他在课堂上的表现非常积极，常常主动要求朗读课文，哪怕因为口吃而遭到嘲笑也会继续勇敢地朗读。为了提升朗读的水平，丘吉尔还主动背诵演讲词。经过长期的努力，丘吉尔说话越来越流畅，还表现出非凡的幽默技能。最终，他成为英国首相，在第二次世界大战期间用充满激情的演讲让无数人热血澎湃，斗志昂扬。

很多口吃的孩子都不敢开口说话，丘吉尔一开始也是如此，还非常自卑。但是他没有放弃努力，而是在遭到同学们的嘲笑后，更加坚定了当演讲家的梦想，从此之后想方设法练习说话，练习演讲，最终不但改掉了口吃的习惯，而且还成了一个激情澎湃、幽默风趣的演讲家。丘吉尔的成功，得益于他不害怕，不恐惧，真正战胜了自己。否则，如果总是蜷缩在角落里，不敢说话，不敢回答问题，不敢面对他人的嘲笑，他是不可能获得成功的。

青少年的自尊心很强，特别害怕遭到他人的嘲笑。古人云，金无足赤，人无完人，每个人都会有长处，也会有短处，都会有优势，也会有劣势。面对他人的嘲笑，青少年无须在意，要想让自己变得强大，就要从现在开始努力做最好的自己。如果因为自卑沮丧等负面情绪受到干扰，不能正视自己的缺点和不足，那么就会畏手畏脚。

其实，有一个方法对于战胜自卑、缓解因为他人嘲笑而产生的尴尬效果显著，即自我解嘲。记得台湾有一个艺人在面对记者别有用心的提问"您获得了亚洲第二丑明星称号，对此怎么看"时，笑着说："我觉得很对不起我这张脸，它辛辛苦苦跟着我这么多年，我却只给他赚了个第二名。"他的话音刚落，在场所有人都发出了善意的笑声，还有人对他的高情商和聪明机智的回答竖起了大拇指。看看吧，面对刁难，如果他的情绪很激动,回答也带有攻击性,那么就会有截然不同的结果,说不定还会让自己更尴尬呢!不得不说,这才是真正的勇敢!

  青少年也要保持强大的内心,在面对外界的各种刺激,或者面对突然发生的困难时,都可以保持镇定,开动脑筋,积极地想办法解决问题。有些青少年误以为战胜恐惧,坚强勇敢,就是逞莽夫之勇,其实这是对于勇敢的误解。真正的勇敢,并不仅仅表现在身强体壮或者不知畏惧上,而是运用智慧尽量圆满地解决问题,是明知山有虎偏向虎山行的无畏。

自信，是每个人心中的脊梁

古人云："自助者，天助也。"这句话的意思是说，一个人只有相信自己，永不放弃地努力，才能得到好运的眷顾。其实，这个好运并非是从天而降的，而是人自身努力得到的好结果。在西方国家，也曾有位哲人说过，一个人，只有充满自信，才能得到上帝的帮助。很多青少年都喜欢看美国好莱坞的大片，尤其崇拜那些硬汉，是因为那些硬汉不管面对怎样的艰难处境都从不放弃，不管面对怎样的坎坷磨难都勇往直前。不管是好运还是上帝的帮助，其实都是我们的自信心在发生积极的作用。一个人也许无法改变世界，但是却可以改变自己。面对同样的事情，自卑者愁眉不展，自信者从容不迫，得到的结果自然不同。

自信，是每个人心中的脊梁，可以帮助人保持精神屹立不倒。在顺遂的日子里，自信的作用也许没有那么明显，但在遭遇困厄和失败时，自信能够发挥强大的作用。很多青少年都因为自卑而闷闷不乐，郁郁寡欢，不管做什么事情都害怕失败，甚至因此而裹足不前。自信，恰恰是自卑的天敌，可以帮助我们战胜自卑，获得成功。拥有自信的青少年，就像早晨初升的太阳，朝气蓬勃，散发出光和热；自信的青少年乐观豁达、积极爽朗，既可以笑得最好，也可以坚持笑到最后；自信的青少年，从来不会害怕犯错，更不会畏惧失败，因为他们很清楚，失败是成功之母，只有踩着错误的阶梯，才能到达正确的顶峰。作为青少年，一定要拥有自信，昂扬着面对困难，也鼓起勇气拥抱生命！

在美国历史上，罗斯福是唯一一位蝉联四届的总统。他是一位非常自信的人，虽然因为脊髓灰质炎而瘫痪，但是他却坚持要走进白宫。正是这样的信心支撑着他，他最终战胜了病魔，从只能在地上爬行，到可以站立起来发表演讲，最终成为美国总统，他用自信创造了奇迹。

美国的另一位总统林肯，也是一个充满自信、不甘失败的人。林肯在成功当选美国总统之前，遭遇了很多次失败。从政，常常落选；经商，遭遇破产。后来，他想和未婚妻结婚，未婚妻又突然去世，这给了林肯沉重的打击，他甚至因此而卧病在床一年多。但是，他没有被打倒。在经过一段时间的调养生息后，他再次站起来，积极地参与竞选。最终，他成为美国总统，改变了自己的人生。

没有谁的人生会是一帆风顺的，人人都会遭遇艰难的困境，也有可能受到命运沉重的打击。有的时候甚至还会屋漏偏逢连夜雨，越是害怕失败，失败越是接踵而至。在这种情况下，抱怨并不能解决问题，只会让我们心灰意冷，甚至放弃努力。与其抱怨，还不如扬起自信的风帆，拼尽全力去做到更好。人们常说，努力了未必有收获，但是不努力就肯定没有收获。既然哭着也是一天，笑着也是一天，我们为何不能笑着度过人生中的每一天，让人生有更光明的未来和更美好的前景呢！

19世纪末，伦敦的一家剧院里正在举行演出。一位深受观众喜爱的演员突然发生了紧急情况，才刚刚上台唱了几句，嗓子就失声了。观众们议论纷纷，还有的起身要去退票。眼看着情势不妙，现场要失控，剧场老板赶紧找人救场，但是在这么短的时间内，谁也赶不来救场。这可怎么办呢？

看着台下不停吵闹的观众，剧院老板急得像热锅上的蚂蚁一样。正在这时，一个才刚刚5岁的小男孩毛遂自荐："老板，我可以试试吗？"小男孩看起来有着不符合年纪的老成，一点儿都不慌乱，而且眼神非常坚定自信。剧院老板暂时也想不到更好的办法，只好答应让小男孩上台。小男孩上台之后一点儿都不怯场，站在台上蹦蹦跳跳，还用童真的声音唱起了欢快的歌，把观众们逗得哈哈大笑。小男孩站在台上表演了没多久，观众们就欢呼着把硬币扔到舞台上。小男孩得到观众的鼓励更加卖力起来，一边更加大声地唱歌，更加灵活地舞蹈，一边做出滑稽的动作和夸张的表情，兴高采烈地把舞台上的钱都捡起来装进口袋。一曲终了，观众们意犹未尽，纷纷高呼让小男孩继续表演。就这样，小男孩一连演唱了好几首歌曲。

几年过去，法国大名鼎鼎的丑角明星马塞林来到儿童剧院演出。这时，小男孩已经八九岁了。马塞林虽然带来了很多道具，但是需要临时征集演员，配合他扮演一只猫。剧院里有很多演员，猫的角色也并不难演，但是大家都仰视马塞林，不敢给马塞林当助手。这个时候，勇敢自信的小男孩再次主动请缨。其他人都为小男孩担心，生怕他的表演不能让马塞林满意。没想到，小男孩极具表演天赋，而且非常聪明，最重要的是他一点儿都不害怕，发挥本色尽力配合马塞林，与马塞林非常默契，最终表演大获成功，赢得了马塞林的赞赏。

后来，小男孩成为举世闻名的幽默艺术大师。他，就是给全世界带来欢乐的卓别林。

卓别林5岁的时候,就表现出了非凡的自信,所以才能在台下观众怨声载道的情况下,主动请求上台表演。他轻松幽默的表演,就像清亮的泉水,浇灭了观众心头的怒火,又像和煦的春风,让观众们感到神清气爽,心情愉悦。后来,当大家都不敢和马塞林合作时,又是卓别林自信从容地出场,与马塞林配合默契。卓别林的表演吸引了很多观众,一则是因为他有幽默的天赋,能给观众带来欢乐,二则也是因为他由内而外散发出来的自信,能够感染观众。

  自信,是一个人最好的装扮,让人看起来气宇非凡;也是一个人源自心底最强大的力量,让人看起来从容不迫,临危不乱,泰山崩于顶而色不变。生活尽管平淡,却也会起波澜。面对生活的顺遂如意,青少年要做到不得意不骄纵;面对生活的艰难坎坷,青少年要做到不畏缩不胆怯。罗斯福和林肯因为自信而成功地实现梦想,当选总统,我们也可以因为自信而实现梦想,创造出自己的精彩人生!

坚持到底就是胜利

纵观历史长河,那些能够留下浓墨重彩的伟大人物,都有一个共同点,即他们既有自己的主见,也能够坚持去做。一个人即使有再多闪光的想法,如果总是把想法停留在空想阶段,那么想法就是毫无意义的。反之,只有积极地展开行动,把想法变成现实,并且在面对各种艰难困苦的时候,依然全力以赴地去克服困难,才能坚持到最后,取得成功。

人们常说,笑到最后的人才笑得最好,就是这个道理。现实中,有些人被假想的困难吓倒,不敢继续努力和前行,在没有开始任何行动前,就选择了放弃;也有些人在勇敢开始之后,面对接二连三的困难,越来越胆怯,越来越无助,最终半途而废。他们都是不够坚持的人,所以不管是否真的开始,最终的结果都是一样的,那就是因为放弃而彻底失败。这样的失败连经验都不能得到,是真正的失败。反之,有些人不但勇敢,也有顽强的毅力,他们能够在深思熟虑之后选择开始,也能够在陷入困境之际继续坚持,他们风雨无阻,日夜兼程,始终在向着梦想的方向前进。他们是非常勇敢的人,所以哪怕最终失败了,也可以积累经验,吸取教训,从而为下一次努力尝试奠定基础,让未来的路可以走得更好。

人生在世,不管以哪种方式存在,都要保持进步的姿态。最糟糕的是放弃,是始终停留在原地,就这样任由自己被时代的洪流远远甩下,这种无力感和挫败感，往往会给人的内心带来沉重的打击。当真正开始去做，也能够始终坚持，最终迎来成功的结果，则会获得成就感，也会变得更加自信。

从心理学的角度来说，暗示的影响力非常大。一个人如果总是消极地想要放弃，那么哪怕事情并非他们想象中那么困难，他们也会轻而易举地放弃。反之，一个人如果任何时候都把"放弃"两个字从自己的字典里抹去，那么无论多么艰难，他们都会坚持向前。坚持到底，就是胜利，青少年不但要坚持自己的想法，也要坚持自己的行为，最终才能品尝到胜利的果实。

小泽征尔是20世纪最伟大的音乐家之一，他对于音乐有着天生的敏感。小泽征尔不但对于音乐非常敏感，有极高的音乐鉴赏力，而且还很自信。尤其是在遭到质疑或者否定时，他更能够在深思熟虑之后坚持自己的想法和判断。

有一次，小泽征尔参加世界指挥家大赛。他拿到了一份高难度的乐谱，又了解了评委的要求，就开始指挥演奏。演奏刚开始没多久，小泽征尔就听到了不和谐的音符，因而让乐队停止演奏。他原本以为是乐队的演奏出现了问题，因而调整之后，又开始重新演奏。但是，他很快又听到了不和谐的音符，这一次，他很确定是乐谱有问题。他认真仔细地看了乐谱，找出错误，对评委说："乐谱有问题！"评委却说："前面那么多人都演奏过了，乐谱绝对没有问题。"小泽征尔沉思片刻，继续坚定地说："乐谱真的有问题，我很确定！"他话音刚落，台下的评委、专家们马上站起身，热烈地鼓掌。小泽征尔不知道是怎么回事，一个评委说："恭喜你，你就是本届大赛的冠军。在你之前，虽然也有两个参赛者觉察乐谱有问题，但是他们都没有坚持。只有你，相信自己的判断，坚持认为乐谱有问题，你是正确的！"

因为坚持，小泽征尔获得了世界指挥大赛的冠军。因为坚持，小泽征尔向全世界展示了他的自信和超高水准的音乐水平。当然，小泽征尔并不是盲目坚持，而是在再次演奏时确定乐队演奏没有问题，又认真仔细地看了乐谱之后，他才确定乐谱有问题。在世界音乐指挥大赛上，评委和专家都是世界一流水平的，面对着这些音乐界的泰斗，小泽征尔没有退步，而是坚持自己的想法，也坚持事实真相。

对于很多事情来说，坚持都是很难的，因为要承受多重的压力。但是，坚持的可贵也正体现在这里。在成长的过程中，青少年也会遇到很多需要坚持的事情。例如，面对老师的课堂讲解，发现老师错了，要坚持指出老师的错误；面对一直以来坚持的兴趣爱好，哪怕升入初中或者高中，学习紧张了，也要挤出时间来继续练习，否则就会荒废；面对学习上的瓶颈或者遭遇的困难，千万不要轻易放弃，而是要坚持到迎来转机，这样才能突破瓶颈，克服困难……总之，做任何事情都不可能一蹴而就获得成功，唯有长期坚持下去，才能由量变引起质变，才能迎来柳暗花明又一村。

坚定信念，冲破迷雾

信念对于人的影响有多大，很多青少年对此都没有深刻的理解。为此，他们一旦遇到困难就想放弃，一旦遇到坎坷就想绕道而行，一旦有不如意就马上怀疑自己的决定和选择。当他们从内心深处已经开始动摇，就无法说服自己继续坚持下去。反之，如果他们信念坚定，告诉自己不管遇到什么困难都绝不能动放弃的念头，那么他们就会变得更加坚强，意志如钢，也会在困难的磨砺中快速地成长起来。

很多时候，事情的发展都不会如我们的意。越是不如意，就越是不能向困难缴械投降，而是要鼓起信心和勇气继续前行。畏缩一旦成为人生的常态，就绝少有进步的可能，因为我们总是会面对困境，成长的道路也总是会充满泥泞和坎坷。有的时候，即便有了天时地利人和的各方面有利条件，一个人也未必能够获得成功，因为最重要的是，面对未知的未来，要有不服输的精神，要有不认输的勇气。

费罗伦丝·查德威克是职业游泳运动员。1952年7月4日，天才刚亮，加利福尼亚海岸被浓雾笼罩。卡塔林纳岛到海岸西面，距离海岸21英里。费罗伦丝·查德威克正在这里摩拳擦掌，进行准备活动。原来，她要从这里出发，跨过太平洋向加州海岸游过去。费罗伦丝·查德威克虽然是职业游泳运动员，但是毕竟已经43岁了，她能够完成这项挑战吗？

清晨，雾很浓很大，弥漫在整个海岛。因为浓雾遮蔽，根本看不到天空中的太阳，海水刺骨的寒冷。费罗伦丝·查德威克从卡塔林纳岛下海，觉得浑身都被海水浸泡得冰冷。她没有畏缩，当即向着前方游去。时间一个小时又一个小时地过去，她不知道自己游了有多久，也不知道自己游到哪里了。周围都是浓雾，虽然护送的船只就在她的身后，但是她根本看不到。她感到很寂寞，也感到很冷。有几次，甚至还有鲨鱼靠近，她听到护送的船只上传来枪声，把鲨鱼吓跑了，才知道护送的船只一直都在。渐渐地，她觉得越来越疲惫，十五个小时之后，她再也支撑不住了，浑身都麻木了，便要求结束挑战，登上护送的船只。这个时候，在另外一条船上的教练和母亲，全都鼓励她一定要坚持到底，要有毅力。他们还告诉她，海岸就在不远的地方，马上就要到达了，此时放弃就是与成功擦肩而过。她朝着加州海岸的方向望去，但是，她的眼前弥漫着浓雾，根本看不到海岸。她坚决要求上船，自从这个念头产生，在海里的每一分每一秒对她而言都是煎熬。在她的强烈要求下，护送船只上的工作人员把她拉到船上，给她裹上温暖的厚毛毯，又给她端来一杯热饮。她还没有喝完这杯热饮，就看到了加州海岸，原来，她上船的地方距离加州海岸真的只剩下半英里了。

一次，费罗伦丝·查德威克回想起这次以失败而告终的挑战很失望，朋友安慰她是因为雾气太大且海水太冷，她却说："我不是败给了浓雾，也不是败给了海水，而是因为缺乏坚定的信念。如果我始终咬紧牙关坚持，那么再游半英里，我就能够完成挑战了！"后来，费罗伦丝·查德威克又进行了这项挑战，因为信念坚定，坚持不懈，她很顺利地完成了挑战。

如果没有坚定的信念作为支撑，面对难以完成的艰巨任务，人们很难坚持。就像事例中的费罗伦丝·查德威克，她被浓雾遮蔽了视线，看不到已经距离很近的加州海岸，心中渐渐地动摇，也就不能坚持到底。如果是在天气晴朗的日子里，能看到远处的海岸线，那么她就会不断地激励自己，让自己始终不放弃，顽强地完成挑战，就会一举成功。

人生中，既有弥漫在天空中的浓雾，也有弥漫在人心中的浓雾。要想始终朝着目标坚定前行，我们不但要克服天空中的浓雾带来的困难，更要驱散心中的浓雾。这样我们才能心明眼亮，始终看向前方，朝着目标前进。

扛起沉甸甸的责任

责任，就是每个人应该做好的分内之事。责任从何而来呢？通常情况下，责任是一个人在家庭和工作中应该承担的事情，也包括对他人的承诺。一个人如果不能承担起自己的责任，由此引发严重的后果，那么就要为此付出代价。毋庸置疑，扛起责任并不是一件简单容易的事情，需要付出很多，坚持很久，甚至需要排除万难，或者付出惨重的代价。就像2020年，已经84岁高龄的钟南山原本可以在家颐养天年，却奔波在全国各地，为抗击新冠肺炎做出贡献。这是因为钟南山把带领全国人民抗疫看作他的责任，所以他才义无反顾，冲锋在前。原本人人都因为新冠肺炎而惊慌，但看到钟南山挂帅出征，大家马上感到内心踏实，似乎有了值得信赖的依靠。

大多数人的责任都与他们自身的能力水平相符，也有一些人会好高骛远，自视甚高，但是最终现实会给出他们最为客观公正的评判。也有的人把自己看得太低，明明能力很强，却妄自菲薄，不敢担当大任。作为青少年，要对自己有客观公正的认知，也要有胆识有气魄，扛起属于自己的责任。

也许有些父母会说，孩子衣食无忧，只要好好学习就行，没有其他的责任。不得不说，这是父母教育的误区。每个人都有自己的责任，孩子也不例外，如果父母觉得孩子除了学习不需要对任何事情负责任，那么只能说明父母对孩子太过溺爱，代替孩子做了很多事情。仅从表面看起来，父母这么做，孩子会很轻松，实际上随着时间的流逝，当孩子长大了，要离开父母的庇护独自生存，就会面临很大的窘境：他们脆弱的心灵从未接受过历练，还承担不起任何责任，甚至连独立生存的能力都没有。这个时候，父母再责怪孩子就为时已晚了。

现代社会发展迅速，人们的生活节奏越来越快，生存压力越来越大，所以每个人都步履匆匆，如同旋转不停的陀螺，忙得没有时间停下来看看早晨初升的太阳，也没有时间看看路边盛开的小花。与此同时，人心也变得越来越浮躁，迫切地渴望得到成功，迫切地渴望获得名利，也常常因为自己小小的付出没有换来大大的回报而抱怨，却忽略了世界上从来没有天上掉馅饼的好事，也没有轻而易举就能得到的成功。每个人都要脚踏实地地努力，才能改变现状，也才能主宰命运。

玛丽和珍妮在同一天进入公司工作，都是基层员工。才几年的时间，玛丽就得到提拔，成为小组负责人，后来又成为部门主管，一直做到区域总监。珍妮却始终默默无闻，仿佛被上司遗忘了一样，做着最普通的工作，拿着最低的薪水。

在公司年会上，珍妮看到玛丽代表公司领导上台致辞，这才突然想起自己和玛丽是同一天进入公司的。她不由得感到愤愤不平："为何玛丽平步青云，我却始终在底层徘徊呢？"年会结束，她找到上司发问，上司说："你与其问我你为什么没有得到晋升，不如花些时间比较下你和玛丽的区别。你是把工作做得合格，所以你只能得到60分。而玛丽呢，却始终很努力，不管做什么工作，都争取得到90分，甚至100分。如果你是老板，你愿意重用谁呢？你当初也考过大学，那么肯定知道对于固定的升学名额，学校会优先录取那些成绩更好的孩子。为何有的人读名牌大学，有的人读普通大学，还有的人连大学都没有考上呢？不管读书学习还是工作，都要做好分内之事，才会得到回报。"珍妮被上司说得哑口无言，灰溜溜地走了。

责任，对于每一个人而言都意味着沉重。青少年的重要责任之一就是读书，虽然每个孩子都坐在教室里听老师讲课，但是到了学期结束，他们考试得到的成绩总是不同，区别就在于他们是否把分内之事做好了。有的青少年对学习毫无兴趣，常常抱着敷衍了事的态度，当一天和尚撞一天钟；有的青少年对待学习特别认真，不管是对一个生词还是对一道超级难的计算题，他们都很认真很慎重，因而他们学得很扎实，成绩也呈现稳中有升的趋势。常言道，一分耕耘一分收获，如果没有耕耘，就没有资格问收获。

每一个人在成功背后，都曾经付出了长期的努力，都经历了点点滴滴的积累。如果明明付出的很少，却奢求得到最多的回报，显然是不切实际的。尤其是在学习方面，更是掺不得假。如果说工作可以笼统地分为不及格、及格和优秀，那么学习则根据不同的表现，会有更加细致入微的区别。平日里多背诵一个单词，多读一遍书，多计算几道题目，考试的时候有可能就会多得一分。反之，当别人正在教室里埋头苦读的时候，你却躺在宿舍里呼呼大睡，当别人正在废寝忘食地进行题海战术的时候，你却自以为聪明地说每种类型的题目只需要做一道就够了，那么，遇到难题的时候，很有可能别人轻轻松松就解决了，你却始终在绞尽脑汁地苦思，还未必能够求得正解。努力与收获的正比例关系，在学习上表现得更为明显。

作为青少年，我们应该准确界定自己的分内责任，从而积极主动地承担责任，圆满地完成自己的任务，这样才能有所收获。

何时开始都不算晚

进入青春期，孩子们对于时间的感受越来越深刻，从小时候对于时间的流逝无知无觉，到现在他们已经开始感受到时间是有限的资源。随着学业加重，他们渐渐地意识到时间用在这个科目上，就很少可以用在那个科目上了，如果不合理安排时间，甚至还会导致没有时间可用的窘境。这个感受让孩子们焦虑，他们不知道自己如何才能在学习与玩耍之间找到时间的平衡，也不知道何时才能实现自己的雄心壮志。面对快节奏的学习、繁重的作业和巨大的学习压力，他们开始放弃很多想法。例如，有些孩子喜欢写作，原计划每天都写一篇小文章，却因为时间有限，不得不取消写作；有的孩子很喜欢踢足球，原本每个周末都要抽出半天的时间去练球，却因为有太多的作业要写，不得不取消踢足球；还有的孩子想要和一个贫困地区的孩子保持书信往来，用自己的压岁钱资助对方继续读书，但是每年春节都有想买的大件，花掉了所有的压岁钱……

正如人们常说的那句话，理想总是丰满的，现实总是骨感的。在残酷的现实面前，很多人都被打败了，其中既有成年人，也有青少年，还有儿童。时间的紧迫残酷，在临近考试的时候表现得尤为明显。特别是在面对升学考试时，孩子们更是抓狂，一边看着倒计时的牌子，一边歇斯底里地喊道："没时间了，没时间了！"其实，他们不知道，人生何时开始都不算晚。最重要的是，一定要开始，而不要还没开始就结束了。

摩西奶奶还是摩西姑娘的时候，就很喜欢画画。她的父母养育了10个孩子，摩西姑娘是其中之一。她小小年纪就不得不去农场里做工，赚钱养活自己，也帮助父母分担养家的压力。每当看到她痴迷于绘画，身边的人总是告诫她："你只是一个普通的农村女孩，不要再做不切实际的梦了，你要做你该做的事情。"就这样，摩西姑娘放下了对于绘画的热爱，按部就班地结婚生子，也和妈妈一样养育了10个孩子。她根本没有时间再想画画的事情，满脑子想的都是如何赚钱养活孩子。偶尔有闲暇，她就会拿起绣花针绣花，作为家里的摆设。

摩西姑娘养活了10个孩子，变成了满脸皱纹的老太婆。76岁那年，摩西奶奶因为身患疾病，不能继续绣花了。小女儿对她说："妈妈，你可以画画呀。画画和绣花差不多，只不过一个是用绣花针，一个是用画笔而已。"摩西奶奶突然想起：画画就是我的梦想啊，既然我已经年逾古稀，人生时日无多，孩子们也都长大了，为何不拿起画笔圆了儿时的梦呢？就这样，摩西奶奶买了绘画的用具，开始学习画画。没想到，她一画而不可收拾，绘画水平提高很快，画出了很多农村生活和劳作的场景。有一个收藏家在村子里的小卖部中看到了摩西奶奶的画，当即全都购买下来，回到城市还举办了画展。摩西奶奶出名了，很多人都知道了她的事迹，也都很敬佩她。

摩西奶奶100岁时，收到了一封来自日本的信。这封信是一个年轻人写的，他是一名医生，但是很热爱写作，所以他不知道自己是该继续当医生，还是应该放下手术刀，拿起笔，描绘自己梦想中的世界。摩西奶奶在明信片上画了一座谷仓，并且写下了一段话寄给年轻人："即使你现在已经80岁了,你依然可以选择做你喜欢的事,上帝会很乐意帮助你的。"年轻人听从了摩西奶奶的劝说,辞掉外科医生的工作,成为举世闻名的作家。他就是渡边淳一。

一个人如果真心想做一件事情,就不要迟疑,更不要因为觉得已经晚了,就轻易放弃。只要开始,就永远不会晚。真正的晚,是轻而易举地放弃。摩西奶奶以70多岁的高龄拿起画笔,成为受人欢迎的画家;渡边淳一30多岁才放下手术刀,拿起笔开始写作,成为大名鼎鼎的作家。在日本,还有一位老奶奶从70多岁就策划攀登富士山,并且积极地锻炼身体。后来,老奶奶因为身体原因耽误了登山计划,直到80多岁才登上富士山,创造了攀登富士山最高龄的纪录。

青少年朋友们,你们正处于人生中最美好的年纪,有什么理由觉得太晚呢。不管此时此刻你正面临中考还是正面临高考,你都可以从当下这一刻开始努力。即使努力并不能让你考上心仪的学校,你也还有更多的机会去拼搏。但是,如果你从现在开始就告诉自己"一切都晚了,什么都来不及了",那么你就会真的晚了。

有人说,人生是一场没有归途的旅程;还有人说,人生是线性的过程。不管人生是什么,时间都不可回头,人生都不可倒流,既然如此,我们就要努力向前,奋发向上,抓紧当下的每一分每一秒去做自己想做的事情。当然,成功是一个漫长的过程,需要长期的积累,也许当下的努力并不能让你马上获得成功,但是只要你坚持不懈,持之以恒,从不放弃,你就能够积累点点滴滴的收获,取得或大或小的进步,最终到达人生的巅峰。

戒掉拖延，成功始于当下

"明日复明日，明日何其多，我生待明日，万事成蹉跎。"明代诗人钱福创作的这首《明日歌》至今依然脍炙人口，除了因为诗歌本身朗朗上口，也因为越来越多的人意识到时间的宝贵。

一个人不管做什么事情，需要哪些成本，时间都是其中最不可或缺的。正如大文豪鲁迅先生所说的，时间是组成生命的材料，浪费时间就等于谋财害命。时间也是生命的载体，如果没有时间，生命也就不复存在。那么，如何珍惜时间呢？首先，要感知到时间的流逝。一个人如果从来感觉不到时间的流逝，就不会珍惜时间，也会因为缺乏时间观念而不守时。其次，要养成珍惜时间的好习惯。很多青少年都觉得自己还有大把的时间可以挥霍和浪费，却不知道时间悄然流逝，一去不复返，不知道什么时候就开始成为生命中的紧俏物资，变得越来越不够用了。最后，要戒掉拖延。拖延，是时间的大敌。偏偏有很多人都患上了严重的拖延症，在不知不觉间浪费时间、消耗生命，也因为时间的流逝而错失各种好机会，与成功失之交臂。所以要想珍惜时间，就要认识到拖延的危害，也要戒掉拖延。

很多人都觉得人生里有无数个日子可以从指间溜走，而实际上，正如一位哲学家说的那样，人生只有三天，即昨天、今天和明天。昨天已经过去，再也不可追回；明天还未到来，所有的一切都是虚空。只有今天，才是我们每个人可以把握和利用的一天，所以戒掉拖延，就要活在当下，就要抓住每一个今天，也充实度过每一个今天。

周迅是个体形偏胖的男孩，又因为腿部骨折在床上躺了小半年，所以就暴长了20多斤肉，变成了真正的小胖墩。骨折刚刚痊愈下床，周迅还不敢剧烈活动，生怕骨折的地方长得不够牢固。后来，去医院复查了好几次，又得到了医生的允许，他才开始进行康复运动。

看着镜子里如同充气娃娃一样的脸，周迅暗暗下决心："我一定要努力锻炼，赶紧减肥成功。"他决定从两个方面开展减肥计划，一个是节制饮食，另一个是加强运动。然而，晚餐时分，看着妈妈做好的美味饭菜，还有他最爱的排骨，他不由得大快朵颐，暗暗想道："没关系，明天再节制饮食。"吃完饭休息了一个多小时，爸爸喊周迅去附近的大学操场上跑步，周迅窝在沙发里看电视看得正投入，头也不抬地说："我明天再去跑步，今天先把这个节目看完。"爸爸说："你吃了那么多排骨，不出去运动怎么能行呢？你如果今天不去跑步，明天也不会去，后天更不会去，你只会继续肥胖下去。"周迅说："我明天一定会去的，我保证！"爸爸拿出周迅的计划表，说："计划表是从今天开始的，你等明天再去，计划表就相当于报废了。"在爸爸苦口婆心的劝说下，周迅终于挪动屁股从沙发上起来。但是，他磨磨蹭蹭，直到半个小时后才出门，到了操场上才慢走了一圈就要休息。看着周迅气喘吁吁的样子，爸爸的态度很坚决："我知道你最近半年没有下床，肺活量肯定变小了，不过不能停下来，继续走。只有这样坚持运动，才能增大肺活量，增强运动机能。"爸爸鞭策周迅继续围着操场走圈，如此半个月后，周迅从慢走到快走，又过去半个月，他可以开始小跑了。看着自己小了一圈的脸，周迅很感谢爸爸没有放纵他拖延。

在这个事例中，周迅爸爸还是很有经验的，所以他不允许周迅在制订计划表的第一天就开始拖延，而是始终鞭策周迅，激励周迅。即使到了操场上，爸爸也在督促周迅继续走圈，而不是走一圈就停下来休息。这样一来，爸爸就彻底断绝了周迅拖延的念头，让周迅习惯于坚持锻炼，也取得了显著的成效。

现实生活中，不仅青少年会拖延，父母也会拖延。为了帮助青少年戒掉拖延，父母要做到以下几点。首先，父母要以身作则，给青少年做好榜样。例如，事例中的周迅爸爸就陪着周迅一起去操场上走圈，而不仅仅是督促周迅锻炼。有了爸爸的陪伴，周迅才能动起来。其次，制订的计划要有可行性，要当即执行。正如周迅爸爸所说的，计划一旦被打开缺口，后面就很难照章办事。计划就是用来执行的，如果只是一纸空文，就毫无意义。当然，为了让计划可行，在制订计划的时候要考虑到现实的情况，而不要过于苛求完美。再次，为孩子提供各种计时工具。很多青少年之所以拖延，是因为缺乏时间观念。如今，有很多有趣且有用的计时器，可以帮助计时，如番茄闹钟等。最后，限定完成时间，制定奖惩措施。如果没有时间限制，孩子往往会随心所欲地去做各种事情，而有了时间限制，他们就会关注时间的流逝，也会争取在规定时间内完成任务。如果再配合合理的奖惩措施，孩子的表现就会更好。

有些父母觉得孩子拖延没关系，因而对孩子的拖延不以为然。实际上，拖延对孩子的学习和生活都会产生影响，如果孩子养成拖延的坏习惯，做事情的效率就会大大降低。有些孩子从小拖延，长大之后依然很喜欢拖延，不管做什么事情都慢吞吞的，效率低下。可想而知，这样的人在竞争激烈的职场上很难表现突出，也很难抓住各种好机会做出成就。从现在开始，青少年朋友们一定要积极地戒除拖延的习惯，成为雷厉风行的好孩子，只有这样才能从当下开始就踏上成功之路！

摆脱焦虑的困扰

太多的父母都特别关心青少年的学习,却忽略了青少年的身心健康,尤其是心理健康和情绪健康。父母们总是认为青少年生活在优渥的环境中,根本没有烦恼,更不会感到焦虑,毕竟他们不需要为生计发愁,而只需要好好学习。其实,父母不知道,如今有很多青少年都被焦虑困扰,心理健康状态令人担忧。

青少年为何会感到焦虑呢?首先是学习的压力。在青春期阶段,孩子从小学升入初中、高中,学习压力陡然增大,学习任务越来越艰巨。尤其是那些学习特别吃力的孩子,一则担心自己学习不好会被老师批评;二则担心自己不能给父母脸上增光,惹得父母不满意,动辄就打骂他们;三则还担心会被同学朋友嘲笑。除了担忧学习之外,青少年还有很多其他的烦恼。例如,与老师、同学的相处,对于异性的喜欢,对于父母婚姻状态的担忧等。这些问题都会让青少年感到忧虑和恐惧。又因为青少年非常自尊且敏感,所以他们往往不会对父母把自己的心事和盘托出,而是会隐瞒心事,佯装无所谓的样子。

在众多的负面情绪中,焦虑尽管不会在短时间内引起严重的后果,但却会给青少年带来很大的困扰,也会让青少年陷入痛苦之中。焦虑的危害性在于,它并不是因为具体的问题而产生的,而是因为内心的担忧、紧张引起的。也可以说，焦虑是无谓的担心，所以要想缓解焦虑就不能靠着解决现实的问题，而是要更多地从心理角度着手，保持良好的心态，保持身心平静，这样才能真正地消除焦虑。

春天来了，春风吹拂着大地，连小草都冒出了嫩芽。小和尚拿着扫帚开始打扫庭院，院子里落满了冬日飘零的树叶。小和尚扫着扫着，突然觉得院子里光秃秃的，因而对师父提议："师父，这些枯叶都腐烂了，是绝佳的养料，不如我们种些种子吧。"师父头也不抬，说："随时。"

小和尚趁着去集市上化缘的机会，讨要来一些种子。他兴高采烈地回到寺庙里，对师父说："师父，师父，有种子了，咱们赶快播种吧！"师父还是面色平静地说："随种。"小和尚赶紧去播撒种子，却不料一阵风吹来，把他撒在地上的种子吹得漫天飞舞，小和尚着急地冲着师父喊："师父，师父，种子都被风刮走啦！"师父漫不经心地回答："随性！"师父话音刚落，院子里又飞来一些小鸟，开始啄食种子，小和尚说："师父，种子都被小鸟吃掉了。"师父说："吃也吃不完，随遇！"

就在播撒种子的这天夜里，春雷声声，下起了大雨。次日清晨醒来，看到院子里的水正汇聚成小溪流朝着院子外的低洼处流去，小和尚哭着说："这下全完了，一粒种子也剩不下了。"师父说："随缘。种子到哪里都会生根发芽的。"

几天过去，原本光秃秃的院子里冒出了点点新绿，就连小和尚没有播撒种子的地方，也有小草发芽了。小和尚欣喜若狂，跑去向师父汇报："师父，小草发芽啦，小草发芽啦！"师父正在打坐呢，闭着眼睛说："随喜！"

就这样，在师父的随和中，满院新绿，郁郁葱葱，生机盎然。

和师父的内心平静相比，小和尚显然还需要多加修炼。随着草种子的各种变化，小和尚时而担忧，时而悲伤，时而欣喜，情绪跌宕起伏，不停地变化着。而师父呢，对于这件事情不会过于关注，而是带着随遇而安的从容。其实，对于人生中的很多事情，都要保持淡然的心态。这是因为很多事情都强求不来，既要尽人力，也要知天命。举个最简单的例子，有的孩子记忆力很强，所以很快就能把课文背诵下来，而有的孩子记忆力相对比较弱，往往反复诵读课文也未必能够熟练背诵。在这种情况下，不要强求自己必须背诵得和别人一样快，而是要努力背诵，不急于求成。当然，该付出的努力还是要付出的，毕竟有因才有果，没有付出就没有回报。

除了不焦虑，还要做到不功利。如今，很多父母都望子成龙、望女成凤，总是盯着孩子的学习成绩看，而看不到孩子还有很多其他的优点和长处。因为受到父母的不良影响，孩子们也往往很着急，做梦都想着自己能够考取好成绩。其实，成长不仅包括学习，还包括很多其他方面的进步。父母要尽量全面公允地看待孩子，孩子也要避免过度苛求自己。

越是时代喧嚣、社会浮躁，我们就越是要保持内心的安宁，这样才能远离焦虑、轻松惬意。心理学家经过研究发现，情绪会对人的生理产生一定的影响。例如，很多焦虑症患者会患上各种慢性病，甚至会引起严重的疾病，就是因为他们长期处于焦虑的情绪之中，而不懂得调节心态、调整情绪。

曾经有一位心理学家做了一个实验。他让所有参与实验的人都把自己所担心和焦虑的事情写在一张纸上，然后写上名字，又把这些纸全都收集放好。一段时间之后，心理学家把参与实验的人又都集合起来，然后把那些写满焦虑的纸发给他们，问他们："你们之中，谁担心的事情真的发生了？"结果，大多数人所担心的事情都没有发生，只有极少数人担心的事情真的发生了，但是他们的焦虑并没有改变结果。这就告诉我们，对于注定要发生的事情，即使焦虑也不能阻止它们发生，更不能改变它们的后果；而对于那些不会发生的事情，焦虑岂不是自寻烦恼，毫无意义吗？由此心理学家得出结论，大多数焦虑都毫无意义。所以青少年要尽量放松心情，避免急躁，缓解焦虑情绪。

有些青少年之所以焦虑，是因为缺乏自信。心理学家经过研究发现，大多数焦虑者都有自卑的特点。他们对于自身的能力并没有正确地衡量，而是常常贬低自己、看轻自己。尤其是当遇到挫折和磨难的时候，他们第一时间就会打起退堂鼓，根本不愿意勇敢尝试。当意识到自身的性格特点时，青少年要首先树立自信，消除自卑心理，这样才能让自己勇敢地面对失败，也能够从失败中吸取经验和教训，争取获得成功。自卑多一分，焦虑就增一分；自卑少一分，焦虑就减一分。

不抱怨，才能解决问题

人人都知道病毒可怕，却不知道抱怨和病毒一样，是会传染的。病毒的散播已经得到了控制，但是人们对于抱怨的认知，却还不够深刻。现实中，有太多的人一旦遇到不如意的事情就会怨声载道，丝毫没有想到抱怨非但不能解决问题，还有可能使问题变得更加糟糕。打比方来说，抱怨也像病毒一样，会在生活中肆意蔓延。一个人原本不抱怨，但是当听到身边的人总是抱怨时，他积极的心态就会受到影响，也开始变得消极，直至抱怨起来。例如，周末，老师布置的作业略微有点儿多，但是考虑到马上就要进行考试，多布置作业正起到了巩固练习的作用，所以甲少年并没有抱怨，只想努力完成作业。这个时候，乙少年当着甲少年的面怨声载道："这还是周末吗？周末明明是用来休息的，老师却布置这么多作业，还不如上课呢，是要把我们累死吗？再这样下去，我非得被累死不行。"听着乙少年的抱怨，甲也忍不住有些愤愤不平："是啊是啊，作业太多了。"就这样，甲原本相对积极的心态变得消极，如果乙继续在一旁煽风点火，说不定甲也会开始抱怨呢！

因此青少年在交朋友的时候，应该结交那些积极向上的朋友，而远离那些消极悲观的朋友。青少年的从众心理很强，尤其是在关系亲密的小团体中，他们渴望得到其他团队成员的认可，似乎唯有如此他们才能找到归属感。所以青少年要结交拥有正能量的朋友，自己才会有更强的正能量。虽然父母不应该干涉青少年交朋友，但是也要给青少年把好关，让青少年融入正能量的朋友圈。

抱怨除了会传播消极负面的情绪之外，还会浪费时间，错过好机会。人生只有一次，时间是非常宝贵的，与其浪费时间抱怨，不如把这些时间用来自我提升。尤其是在抱怨并不能改变现状的情况下，为何不戒掉抱怨，做些有意义的事情呢？

高三复读，章子桥几乎每天都在抱怨。原本他就不喜欢读书，想好了要在高考落榜后和同村的小伙伴一起外出打工，但是爸爸妈妈非逼他复读，还说考不上大学人生就没有出路。幸好，同班同学李霞也被父母逼着来复读了，所以章子桥还算不寂寞。

章子桥有一点点时间就去和李霞抱怨。李霞一开始还很认可章子桥的说法，后来看到章子桥宁愿抱怨也不学习，就劝说章子桥："反正咱们已经被逼着来复读了，不如就好好读吧，说不定多上一年高三就能考上大学了呢，这样总比去打工强。"但是章子桥不听劝，继续怨声载道，李霞就渐渐疏远了章子桥，自己非常努力地学习。

就这样，一年过去了，章子桥再次落榜，而李霞却考上了二本，选择了一个很不错的专业。几年过去，李霞大学毕业，找到了一份很好的工作，而章子桥却在浪费了一年的时间后，背起行囊去打工了。可想而知，章子桥和李霞的人生从此大相径庭。

只靠着抱怨，没有人能取得成功。真正能够帮助我们获得成功的，是努力，是坚持，是付出，是不屈。很多人之所以抱怨，是因为对人生不满，其实，不管何时，不管处于人生的哪个阶段，没有人能够完全满意。既然如此，我们难道能把一生的时间都用来抱怨吗？当然不能。所以不如调整好心态，把抱怨的时间都用于努力，这样至少可以改变一些什么。

抱怨既会向他人传递负能量，也会给自己消极的心理暗示，使自己总是陷入不满之中，对自己信心全无。由此可见，抱怨不但是病毒，会四处蔓延和传染，也是毒瘤，会在我们的心中生根长大，对我们造成更严重的伤害。

青少年要知道，生活是我们的朋友，而不是我们的敌人。如果我们没有能力改变外界的一切，就不要再试图改变外界，而是要先努力改变自己。人们常说，心若改变，世界也随之改变，从这个意义上而言，我们一旦真正改变了自己，整个世界都会变得崭新，都会给我们带来新鲜的感受和惊喜的收获。生活本来就很不容易，当天空中布满阴霾，我们的心中应该充满阳光；当天空中艳阳高照，我们更应该趁机多晒晒太阳，感受阳光温暖的抚摸。生活在和平的年代里，每一个青少年都是幸福的，都要拥有一颗感恩的心，敞开怀抱拥抱世界，敞开心扉挚爱世界！

与寂寞共处

有人说，低段位选手忍受孤独，高段位选手享受孤独。这句话很有道理，一个人对待人生采取怎样的态度，往往会取得怎样的结果，成就怎样的人生。那些能够享受孤独的人，都是内心充实而丰富的人，所以他们才能在孤独寂寞的时候，与自己相处而觉得妙趣横生。他们从来不会觉得无所事事，而是有很多的事情可以做。例如，闲来无事品茶读书，或者去看一部经典的影片，或者拿起笔练习书法、写一段小文，都是很好的选择。如果想要休息休息大脑，让紧张的情绪放松下来，还可以煲一锅靓汤，或者做一道精致美味的面食，也是不错的选择。有的时候，在呼朋唤友的热闹中，他们反而会倍觉寂寞，是因为他们忠于自己的内心，而不为世俗的生活所困扰，是因为他们专注于当下这一刻，而不愿意无谓地烦恼。

与寂寞共处的人，更加关注自己的心灵，更加渴望得到身心的成长、得到感情上的宁静。其实，寂寞的时候，除了可以更加贴近自我，与自己相处之外，还可以借此机会让自己成长，充实自己的心灵，增强自身的能力，以备来日不时之需。平日里学习和生活那么忙碌，寂寞反倒是难得的时光。每天睡到日上三竿又有什么意思呢？不如多看看书，多思考一些问题，坚持每日的学习和进步，人生才会有更大的进步空间。

导演李安出生在中国一个普通的家庭里，父母都是读书人，父亲还当过校长。李安的父亲和中国所有的父亲一样，最大的心愿就是希望李安好好学习，天天向上，将来考上好大学，有份好工作。然而，李安爱上了导演，不顾父亲的反对，进入纽约大学电影系，学习电影编导。

从美国学成归来，李安曾经六年无戏可拍。他留在家里当起了"家庭煮夫"，洗衣做饭之余，每天都坚持看电影，进行影视学习。因为家里只有妻子一个人上班，所以经济拮据。岳父母心疼女儿，决定给李安一笔钱开店。李安的自尊心受到打击，拒绝了岳父母的资助，报名参加了计算机培训。妻子看到李安的计算机培训缴费收据，对他说不能放弃梦想，也表示要全力支持李安实现梦想。

就这样，李安在妻子的理解下，继续当"家庭煮夫"，利用宝贵的寂寞时光为自己充电。最终，他指导的第一部电影就大获成功。从此之后，李安在导演的路上越走越远，取得了了不起的成就，拍摄了很多观众喜爱的影片。

对于一个留学归来的男人而言，在整整6年的时间里都无戏可拍，没有工作，只能让妻子独自肩负起养家糊口的重任，而自己则在家里洗衣做饭，顺带着学习，这是一种什么样的感受？如果没有明确的目标，如果没有充实的内心，如果没有坚定的方向，李安很难坚持下来。幸运的是，李安没有辜负这6年的时光，他始终非常努力，没有一日懈怠，不断地学习，持续地积累，最终获得了成功。

李安是懂得享受寂寞的，尽管他曾经也一定迷惘和彷徨，但是他从来没有迷失过。不管是看书，还是观赏经典的影片，他始终在与理想的电影世界进行互动。作为青少年，正处在读书学习的好时机，更是不要畏惧寂寞，而是要端正心态，学会在寂寞中与自己相处，学会借助于寂寞的机会努力学习，提升自己各个方面的能力。

  静下来，将会听到世界上更多的声音，哪怕只是极其细微的响动，也会给我们的内心带来触动。有些青少年不知道寂寞到底是褒义词，还是贬义词，因而不确定自己应该以怎样的态度面对寂寞。其实，寂寞到底是褒义词还是贬义词并无关紧要，重要的是，每一个人如何对待寂寞。

  从哲学的角度来说，寂寞分为两种，一种是客观环境中只有自己而产生的寂寞，另一种是不被理解而感觉内心寂寞。和客观意义上的寂寞相比，内心的寂寞更加难以排解。如果身边没有朋友，我们可以去寻找朋友；如果身边寂寞无声，我们可以制造出一些响动；如果心里感到寂寞，觉得不被人理解，又该怎么办呢？寂寞最好的朋友是孤独，孤独的人总有双重的寂寞，一则形单影只，身边空荡，二则无所事事，内心空虚。其实，只要我们不把寂寞当成对自己的折磨，而是能够真正地静下心来享受寂寞，那么寂寞就是美丽的，孤独也变得可以忍受。

  青少年有很多种方法可以排遣寂寞。例如，结交更多的朋友，培养自己的兴趣爱好，学会很多项有趣的技能等，都可以把空闲的时间填满。然而，这些都是在从形式上驱散寂寞，而并不能消除寂寞的本质。要想发自内心地驱散寂寞，就要让自己的内心更加充实，就要拥有有趣的灵魂。正如一句网络用语所说的，好看的皮囊千篇一律，有趣的灵魂万里挑一。当一个人拥有有趣的灵魂，哪怕身处荒漠，也能发现生活的美好和趣味。当然，青少年的首要任务就是学习，如果能够全身心地投入学习，也是排遣寂寞的好方式。孔子说，德不孤，必有邻。细心的青少年会发现，当专注投入于一件事情的时候，时间总是在不知不觉间过得飞快。那么，何不让自己学会专注,专心致志地去做想做的事情呢?真正寂寞的人,是那些没有兴趣爱好,也没有精神寄托,更缺乏生活乐趣的人。从现在开始,就丰富和充实自己的生活,让人生在争分夺秒的紧凑安排中,得到更多的快乐吧!

感受快乐,赶走抑郁

有人说,人生是一场未知的旅程,只有来路,不知归期。在这场旅程的某些阶段,也许有人会陪伴在我们的身边,但是大多数旅程,都需要我们独自走过。在旅程中,我们难免会遭遇重重困难,也有可能不得不承受突然而至的打击,甚至还会被弄得猝不及防,手足无措。在最暗淡的日子里,我们仿佛置身黑暗之中,看不到任何曙光和希望。在这种情况下,我们未免会感到沮丧绝望,也会觉得很悲伤忧愁。当长期都处于负面情绪之中,快乐就会渐渐地远离我们,抑郁就会不期而至。

现代社会的生存压力大,生活节奏快,竞争日益激烈,有很多人都有抑郁的倾向。虽然人人都会说"要微笑着度过每一天",但是当各种糟糕的事情一起涌来的时候,我们很难控制好自己的情绪,更别说始终满面笑容了。抑郁对人的影响是很大的,首先,影响自身,让人郁郁寡欢,闷闷不乐,做任何事情都提不起兴致来,自信一落千丈,自卑卷土来袭。其次,抑郁还会影响身边的人。情绪是会互相传染的,一个人即使原本情绪高涨,兴致勃勃,如果看到身边的人愁眉不展,心情马上就会感到压抑。再次,抑郁还会影响人际关系。如果一个人总是难以摆脱抑郁,不管走到哪里都像头顶着乌云一样,那么他浑身都会散发出负能量,也会因为常常情不自禁地说出那些消极的话,做出那些消极的举动,而被身边的人嫌弃。最后，抑郁还会影响个人发展。人是情绪动物，很容易受到自身和他人情绪的影响，抑郁会给人消极的心理暗示，使人不能做出最好的表现，也就无法收获最好的结果。总而言之，抑郁是一种消耗性的负面情绪，不但消耗我们自身，也消耗我们周围的人，会恶化我们的生存环境，使我们失去快乐。要想获得快乐，我们就要赶走抑郁。

看到这里，也许有些父母会觉得纳闷：青少年生活无忧无虑，怎么会抑郁呢？抑郁因何而生，很多父母都不知道。试问，一个人如果锦衣玉食，就能无忧无虑了吗？当然不是。现实告诉我们，每个人都有自己的烦恼和忧愁，并不是一直像他人所看到的那样快乐。所以尽管父母觉得青少年没有抑郁的理由，青少年也依然会有各种各样的烦心事，并且因此而郁郁寡欢。作为父母，要关注青少年的心理健康，每当发现青少年有抑郁倾向时，要及时帮助青少年调整情绪状态。如今，有很多青少年或者年轻人自杀，都是因为患有严重的抑郁症。所以父母不要再觉得抑郁距离孩子很远，而是要对抑郁有足够的认识和重视。

张亮是一名乙肝病毒携带者，小学阶段，因为同学们不需要同吃同住，所以他的学习生活基本不受影响。自从升入初中，他开始住校，在参加学校的统一体检后，关于他是一名乙肝病毒携带者的消息就满天飞，张亮越来越自卑，在同学们面前抬不起头来。

每天中午吃饭，张亮都最后一个去食堂；每天晚上睡觉，他也是最后一个回到寝室，蹑手蹑脚地简单洗漱后，马上钻进被窝蒙头大睡。曾经，张亮把自己的苦恼告诉了爸爸妈妈，爸爸妈妈对此并不在意："乙肝又不是绝症，没关系的，那么多乙肝病毒携带者，不都生活得好好的吗？"听到爸爸妈妈这么说，张亮也就不再说什么了。

有一天中午，张亮吃完午饭回到宿舍午休，宿舍里一个同学正在拿着自己的刷牙杯子破口大骂："这是谁啊，动了我的刷牙杯子，怎么这么不自觉呢！我不管你是谁，以后都别动我的刷牙杯子，你不知道我们宿舍有乙肝吗，你这么动了，我又不知道是谁动的，我还怎么敢用呢？"张亮听到同学的话，眼泪簌簌而下，转身离开了宿舍。到了晚上，这位同学看到张亮回到宿舍，又开始指桑骂槐地说："现在有些人心理可变态了，自己生病了，恨不得让所有人都生病，那样就没有人歧视他了呀！真不知道世界上为何要有这样的人，我要是携带病毒，我就去死，也不让别人提心吊胆！"张亮听了立马跑出宿舍，冲到教学楼顶楼，纵身而下。

看起来，张亮之所以自杀，是因为同学的辱骂，而实际上，作为病毒携带者的他很早就在承受心理压力，也因此尝试着向父母求助，却被父母忽视了。如果父母能够理解张亮的感受，早一些采取有效的措施帮助张亮，或者寻求专业人士对张亮采取心理危机干预，那么结果就不会是今天这个样子。

青少年正处于身心快速发展的阶段，情绪冲动多变，自尊心强烈而且敏感。作为父母，一定不要只盯着孩子的学习，而忽视了孩子的心理健康。对于每一个孩子而言，身体健康固然重要，心理健康更加重要。

有相关机构经过调查发现，如今很多初中生高中生都有心理问题，而且自杀率不断升高。为此，有些学校开设了心理门诊。而实际上，最了解孩子的应该是父母，最能够保护孩子不受抑郁伤害的，也是父母。然而现实却是，那些因为心理障碍而选择轻生的孩子中，很少有人得到过专业机构或者专业人士的帮助。他们很有可能寻求过父母的帮助，但是父母却对他们采取了忽视或者漠视的态度。等到悲剧真的发生，一切就都晚了。

要想了解孩子的心理，等到孩子发生心理问题为时晚矣。在日常生活中，父母就要以平等的姿态和孩子沟通交流，也要采取有效的方式疏导孩子的情绪，解开孩子的心结。

那么，对于青少年而言，抑郁症到底有哪些具体的表现呢？

（1）常常感到忧虑或者沮丧，做什么事情都提不起兴致来；

（2）很容易感到疲惫，即使睡了很长时间，也依然觉得困倦；

（3）对于曾经感兴趣的事情，现在根本不愿意去做；

（4）体重急剧变化，突然开始肥胖，或者突然暴瘦；

（5）经常失眠，或者长睡不醒，打乱了曾经的作息规律，昼夜颠倒；

（6）常常觉得自己活着没有价值，没有意义，觉得自己很没有用；

（7）身体上常常出现不明原因的疼痛，检查之后却发现身体非常健康；

（8）看待事情消极悲观，对待很多人和事情都特别冷漠；

（9）不止一次想过自杀，也试图自杀，觉得死亡如影随形。

在上述这些抑郁症的表现中，如果符合其中大多数表现，就说明你抑郁了。符合的表现越多，说明抑郁症越严重。青少年既可以根据这些表现来进行自查，作为父母，也可以根据这些表现来观察青少年的心理和行为是否异常。其实，父母对孩子展开心理治疗的方法很简单，虽然父母不是专业心理治疗师，却是这个世界上最爱孩子、最关心孩子的人。作为父母，切勿居高临下地对待孩子，而是要发自内心地尊重孩子，真正平等地对待孩子，这样孩子才愿意打开心扉和父母沟通。如果孩子愿意把自己所有的心事都告诉父母，父母还愁不了解孩子，不能及时给予孩子关心和帮助吗？很多抑郁症患者都会把心事压抑在心底，不愿意说出来，其实只要他们愿意说出来，抑郁就能得到缓解。所以父母要成为孩子最愿意信赖的朋友，陪伴在孩子身边，帮助孩子解决各种难题、解开各种心结，也可以和孩子一起寻求心理医生的帮助，做到真正地驱散抑郁，找回快乐！

心怀希望，点亮人生的明灯

希望，是人生的明灯，始终指引着人生的方向；希望，是人生的支柱，在任何艰难困苦的环境里，让人始终挺直脊梁。如果没有希望，人生就会陷入黑暗，也会颓废绝望。作为青少年，一定要心怀希望，才能扬帆起航，才能创造生命的奇迹。

很多青少年都觉得希望并没有现实的意义，的确，希望是精神上的力量，而不是实实在在可以触摸到的一种东西。但是，希望的力量是很强大的。希望就像是一粒种子，虽然被石头压住，但是却能够顶起石头，从石头下面冒出小芽，爆发出让人震惊的生命力。任何生命要想生长，都需要从种子开始发芽，抽枝，散叶，开花，结果。希望既是人心中的力量，也是人心中的种子。作为青少年，要好好爱护这颗种子，也要精心浇灌这颗种子。在这个世界上，真正富有的人是拥有希望的人，因为他们即使身陷绝境也不会放弃，而是会一直拼搏到最后一刻。

在日常的生活和学习中，青少年难免会遇到各种困难，与其一味地抱怨，还不如振奋精神，点燃希望之火，奋发力量，积极地改变现状。很多事情，并不像我们想象中那么糟糕。只要我们不放弃希望，努力去做，随着自身能力的提升，随着事情的不断发展，说不定曾经的绝望境地就会出现转机。在这个世界上，任何事情都处于不断的发展和变化之中，人生固然会面临很多不如意,如同逆水行舟,绝不能停滞在原地。希望,正是推动我们前行的力量。

在无边无际的沙漠里,有一支探险队迷路了,在沙漠里兜兜转转很多天,始终没有找到出路。探险队里的食物和水都已经消耗完了,大家都感到很绝望,有些人甚至崩溃地大哭起来。这时,队长拿出一个沉甸甸的水壶,对大家说:"别绝望,我们还有满满一壶水呢。不管是谁,如果快要渴死了,我就会拿出这壶水来救他。"队长生怕大家不相信,还让大家都试了试水壶的分量。拿着沉甸甸的水壶,很多人的眼中都闪耀着希望的光芒。原本筋疲力尽的他们,再次鼓起信心和勇气,努力地朝前走去。一天,两天……最终他们遇到了一个商队,终于得救了。

跟着商队一起走出沙漠之后,探险队队长拿出那个小壶。有个队员高兴地说:"终于离开了沙漠,也就可以把这壶水喝光了。"说着,这个队员打开水壶,然而他发现水壶里装的不是水,而是满满一壶沙子。看着水壶里的沙子不停地往外流淌,全队人都向队长投出了感激的目光:如果没有这壶"水",说不定他们早就葬身沙漠了。

在沙漠中,水是生命之源。沙漠那么干燥,如果没有水,人身体中的水分很快就会流失,失去生命的活力。在已经没有食物的情况下,看着全队人都沮丧绝望的模样,队长想出了这个好办法,点燃了全体队员心中的希望之光。每一个队员都相信:只要他们因为干渴而奄奄一息,队长一定会用这仅剩的一壶水拯救他们的性命。就这样,他们继续鼓起信心和勇气,在沙漠中寻找出路,最终遇到商队,赢得生机。

人生之中根本没有真正的绝境,每个人只要心怀希望,不懈努力,最终就能赢得成功。反之,一个人如果内心陷入绝望之中,对于任何事情都毫无兴致,也没有动力去做,那么他必然彻底失败。

  在一个煤矿中发生了塌方,十几个煤矿工人都被埋藏在地下。他们存身的地方空间很小,而且因为塌方已经形成密闭空间。这就意味着,如果长时间得不到救援,他们就会因为缺氧而死去。一开始,大家对于得救还是很有信心的,但是随着时间不停地流逝,他们越来越焦虑。当时,只有一个矿工戴着手表,大家每隔一段时间就会向那个矿工要来手表,看看时间。后来,这个矿工提议:"我们还不知道什么时候才能得救呢,不如大家节省一些矿灯的电量,以备不时之需。从现在开始,就由我一个人来为大家报时吧,大家也不要再问时间了,这样可以节省体力,避免多动口舌而消耗精力。"大家认为这个矿工的提议很合理,全都表示同意。
  就这样,戴着手表的矿工和大家约定每隔半个小时报时。一开始,他的确每半个小时就主动报时一次,但是大家感受到时间流逝,却没有听到有任何救援的动静,全都唉声叹气。戴着手表的矿工就改变了策略,每隔四十五分钟才给大家报时,让大家以为只过去半个小时。随着被困的时间越来越长,大家对于时间的流逝感知更加迟钝,戴着手表的矿工又改成每隔一个小时给大家报时,依然让大家以为只过去半个小时。就这样,几十个小时之后,救援队终于来了,大家这才想起来戴着手表的矿工已经很久没有报时了。他们以为自己只是被掩埋了不到两天,实际上他们已经被掩埋了四天多。除了那个负责报时的矿工,其他人都活了下来。

  为何报时的矿工死了呢?因为他一直知道时间正在飞快地流逝,而救援队却迟迟没来。这使他承受着巨大的心理压力,时间每过一分钟,他内心的绝望就会加深一分。其他矿工之所以能活下来,是因为他们并不知道时间已经过去了那么久,所以从内心里相信他们还是很有希望获救的。是希望拯救了他们,是希望让他们在绝境中始终保持着生命力,顽强地坚持,等待获救。

  从矿工得救的事例我们不难看出,一个人心中是怀着希望还是充满绝望,结果是完全不同的。因而在现实生活中,每当遭遇艰难困境的时候,青少年一定不要绝望,更不要放弃,而是要始终坚持努力,说不定就能让事情出现转机,也能迎来柳暗花明又一村呢。一定要记住,绝望只会让一切事情变得越来越糟糕,除此之外对于解决问题没有任何好处。充满希望的人生就像是长满绿树的平原,而没有希望的人生则像是寸草不生的荒漠。

心若改变，世界也随之改变

很多人都抱怨世界太残酷，太丑陋，他们为此心怀不满，怨声载道。然而，在抱怨声中，世界并不会变得美好。曾经有位哲学家说过，每个人眼中的世界，都是世界在他们心中的折射。这意味着一个人心中有什么，就会看到什么。可想而知，那些常常愤愤不平、心怀怨恨的人，只能看到阴云密布，只能在生活中如临深渊、如履薄冰。反之，那些心怀美好和希望的人，哪怕身处困境，也能看到世界的真善美。

正如一位名人所说，这个世界并不缺少美，只是缺少发现美的眼睛。青少年要想看到更美好的世界，一定要拥有发现美的眼睛。这样才能在晴朗的天气里看到鸟语花香，在阴沉的天气里看到勃勃生机。当然，发现美的眼睛并非天生就有的，而是要在人生的历程中调整心态去获取的。

人的思维有很大的惯性，一个人如果总是唉声叹气，就会越来越沮丧绝望；一个人如果总是面带微笑，就能驱散心中的阴霾，在心中投射进丝丝缕缕的阳光。作为青少年，要形成积极的思维方式，不管身处顺境还是身处逆境，都要看到生命中的美好与希望，始终鼓起信心和勇气战胜人生的困难，迎来人生的柳暗花明。

一个周末，袁炳华和同学们一起去爬山，却不小心跌落山谷，造成腿部严重骨折。医生说，他必须打石膏躺在床上3个月才能拆掉石膏，即使拆掉石膏，还要在床上再修养两个月，才能尝试着下床。这么说来，袁炳华6个月能下床就算乐观的了。袁炳华正在读初一，这可怎么办呢？虽然初一的学习内容不是很难，但是半年不上学，学习进度也是跟不上的。一想到自己要留级，袁炳华就很发愁，他刚刚和同学们熟悉起来，可不想等到同学们升入初二了，他还留在初一啊！

爸爸妈妈征求袁炳华的意见，得知袁炳华不想留级，妈妈建议："要不我为你请一个家庭教师，每天来教你两个小时，其他时间你自学，如何？至于是否休学留级，可以等着看你期末考试的成绩再定，好吗？"袁炳华当即表示同意："虽然我不能去学校上学，但是家教老师也可以辅导我。而且，我还可以借此机会查漏补缺呢！"

就这样，袁炳华调整好心态，不再自怨自怜，而是积极主动地学习。整整6个月的时间里，他每天跟随家教老师学习两个小时。他会提前预习各门学科的内容，等到老师来上课，就抓紧时间向老师请教各种疑难问题。两个小时转瞬即逝，老师离开后，袁炳华就完成作业，预习次日的学习内容，做各种习题。因为觉得无聊，他还坚持每天都写日记，每个星期都写作文。结果，半年下来，在期末考试中，袁炳华的成绩非但没有下降，反而还比在学校上学时有了很大的进步。复课之后，袁炳华每天都能得到老师的表扬，简直成了老师口中的学习标兵："你们看，袁炳华半年没上学，现在还这么优秀，你们整天坐在教室里，竟学成这样，不觉得惭愧吗？"袁炳华得到老师的表扬和鼓励，更加发奋读书，把骨折在家自学的优势继续发扬光大，从此之后从中等学生一跃成为优等学生。

对于初中生而言，因为骨折不得不留在家里半年的时间，学习上必然会落下很多功课，也会承受巨大的压力。案例中，袁炳华是一个很乐观坚强的孩子，面对着骨折的意外，他一开始很发愁，后来却能够调整好心态，积极地面对。正因如此，他才能在家庭教师的帮助下，在被动的局面中占据主动优势，非但没有落下功课，反而借此机会查漏补缺，获得了巨大的进步，也成为学习标兵，得到了老师的认可和表扬。

很多事情，并非如我们所想象的那么糟糕。只要我们能够换一个角度看问题，只要我们能够摒弃消极的思想，积极地思考问题，就一定能够战胜逆境，战胜所有的困难，获得进步和成长。尤其是青少年，具有很大的潜力，各方面的能力也处于快速发展之中，更要积极乐观地面对各种事情。心若改变，世界也随之改变，青少年朋友们，你们一定要有最强大的心哦！

把压力转化为动力

现代社会，很多人都觉得压力很大。成年人既要处理繁杂的工作，又要照顾好家庭，抚养孩子，每天都像陀螺一样转个不停。至于青少年，也不像父母所想的那么轻松。虽然青少年不需要为生计发愁，只需要好好学习，但是他们依然会有压力。青少年的压力主要来自于三个方面：一是学习的压力。如今很多父母陷入教育焦虑状态，对孩子怀着过高的期望，也对孩子提出过高的要求，此外同学之间的竞争也非常激烈。二是人际相处的压力。如果说在小学阶段，孩子们很少为了人际相处而烦恼，与老师和同学之间的关系相对简单和轻松，那么进入青春期，到了初高中阶段，青少年与老师和同学的关系都会变得更加复杂和微妙。这是因为青春期的孩子情绪变化很快，而且内心十分敏感。三是家庭的压力。很多父母之间的关系并不融洽，常常当着孩子的面争吵，也会给孩子带来巨大的压力。为此，父母要努力为孩子营造良好的家庭氛围，这样孩子才会真正感受到幸福和快乐。

当然，青少年的情绪更多地取决于自己。一个人既然不能改变外部的环境，就应该积极地调整自己的心态，让自己面对外界的各种变化时能够怀着坦然的心态，也能够采取积极的方式发泄不良情绪，从而有效地疏导情绪。人生在世，不可能在所有情况下都顺心如意。然而，抱怨、责怪等负面情绪非但不利于解决问题，反而还会使问题变得更糟糕。心理学家经过研究发现，人如果长期处于紧张焦虑的情绪中，身体会产生疾病，如头疼、胃肠道疾病等，都与负面情绪有一定的关系。因而青少年不管是为了保持情绪愉悦，还是为了让身体健康，都要学会调整情绪，平复情绪，从而卓有成效地释放压力。

马上就要中考了，最近这段时间，柏林感觉压力很大，吃不下饭，睡不着觉，就连学习的效率都大打折扣。才一个多月的时间，柏林就瘦了一大圈。看着柏林的样子，妈妈很担心。后来，柏林还出现了头痛、恶心等症状，妈妈马上带着柏林去医院检查。医生经过仔细检查，发现柏林的身体并没有疾病，因而建议妈妈带着柏林去看看心理医生。

听到柏林描述了自己的感受，心理医生说："你这是心理疾病。你最近是不是感觉压力大或者情绪低落？"柏林说："马上就要中考了，我在学习上很吃力，常常注意力不集中，而且记忆力也不好。我很着急，担心自己考不上重点高中。妈妈说，考不上重点高中，就考不上好大学，考不上好大学，将来就找不到好工作，一辈子就都完了。"医生对柏林说："考大学是每个孩子的理想，不过并不是考不上重点高中就考不上好大学。我是医学院博士毕业，我的家乡就在很偏僻的农村，我当年上的高中还没有你们的普通高中好呢。反过来说，就算考上重点高中，如果不努力学习，将来也无法考上好大学。再退一步来说，一个人就算考不上大学，也可以从事其他工作。现在网络这么发达，很多人开淘宝店，或者做其他生意，也都生活得很好。不管做什么事情，都不可能一劳永逸，都需要持续努力，因而一时的成功并不代表什么。你只需要全力以赴准备中考，而不要过于担心结果，就会慢慢放松下来。压力是一把双刃剑，你如果能积极地把压力转化为动力,就能获得成功;你如果被压力压垮了,那么就注定失败。"后来,心理医生还给柏林制订了放松的计划,也和柏林妈妈进行了交谈,让她不要给柏林那么大的压力。渐渐地,柏林学习的状态越来越好,学习成绩也得到了提升。

柏林因为学习压力太大,出现了典型的神经衰弱症状。这与他过度担心自己考不上重点高中有很密切的关系。俗话说,尽人力,知天命,其实就是一种豁达的心态。虽然人人都希望得到最好的结果,但是这个世界上的很多事情并不是以人的主观意志为转移的。例如,一个成年人一心一意想把工作做好,却因为偶然的因素导致工作上出现重大失误,除了尽力弥补之外,对于结果只能释然;再如,孩子一心一意想要把功课学好,但是每个孩子的天赋是不同的,而且在不同的家庭环境中,孩子能从父母身上得到的支持和帮助也是不同的,所以孩子并不能仅靠着自己努力就保证成绩很好。

认识到成功需要具备各种条件,也受到各种因素的影响,青少年还会苛求自己在学习方面必须表现得尽善尽美吗?首先,青少年要适度要求自己,在自己已经尽力的情况下,哪怕做得不够好,也不要苛责自己。其次,青少年要学会调整自身的情绪,避免受到负面情绪的影响。人是感情动物,每时每刻都会产生各种情绪,那么就要学会疏导负面情绪。还记得大禹治水的故事吗?远古时期,大禹的父亲鲧治理水患,一直采取堵塞的方式,结果失败了。后来,大禹继承父亲的遗志,下定决心要平息水患。刚开始时,他也采取堵塞的方式治水,并不见成效。后来,他调整思路,采取疏通的方式开凿水渠,疏通水道,把洪水引入大海之中,就这样治理好水患,让百姓又过上了安稳的日子。情绪正像洪水,冲动的情绪就像泛滥的洪水，会引起严重的后果。每当感到有负面情绪产生，青少年要在第一时间疏导自己的情绪，这样才能避免负面情绪累积，最终爆发出来。最后，青少年要心胸博大，宽容待人。对于很多青少年而言，人际交往是一个大难题。很多青少年都是独生子女，从小习惯了父母的宠爱，一旦走入社会中作为独立的个体与他人相处，难免会有很多人际摩擦。在这种情况下，一定要改变以自我为中心的思维定式，学会换个角度，设身处地为他人着想，这样才能理解他人的苦衷，也就不会一味地埋怨他人了。

具体来说，青少年缓解负面情绪的方式有很多。例如，向身边亲近的人倾诉，说出自己的烦恼和忧愁；做喜欢的事情，唱歌、爬山、运动、阅读、绘画等，都是很好的消遣方式；必要的时候，可以去山峰上大声地喊叫，发泄郁闷，也可以肆无忌惮地哭泣，抒发心中的愤懑。不管采取哪种方式，只要不危害他人的利益，也有助于发泄内心的负面情绪，就是很有效的好方法，就可以经常用这些方法来给自己的情绪做做"健身操"。

第三章
培养和发展核心能力，成为无可取代的自己

现代社会中，核心竞争力成为热词。每一个在职场上拼搏的人，都希望自己能够拥有核心竞争力，变得不可或缺。那么，怎样才能具备核心竞争力呢？简而言之，就是要发展核心能力。心理学领域有个木桶理论，告诉我们不要总是想着弥补短板，而是要更加积极地发展长处，才能事半功倍。作为青少年，也要认识到自身的优势和长处，才能让自己获得蜕变，变成无可取代的一个人。

学孙悟空七十二变

作为父母,小时候一定也喜欢看《西游记》动画片和影视剧,这是因为几乎每个孩子都很崇拜能够七十二变、上天入地下海的孙悟空。虽然在取经的路上,妖精们想方设法地抓住唐僧,但总是在还没有把唐僧肉吃到嘴里的时候,就被孙悟空打得落花流水。每当这时,作为看客的孩子们总是最兴奋的,恨不得一蹦三尺高庆祝孙悟空的胜利。当然,孩子们稚嫩的心灵也满怀渴望:要是我也能变成孙悟空,也会七十二变,那可就太好了。

随着不断地成长,孩子们虽然不能像孙悟空一样随便就能变成各种东西,但是孩子们的各项能力持续地增强,再加上掌握了很多知识,所以已经可以处理好很多事情,解决很多难题了。面对着长大了的孩子,父母要从向孩子灌输各种知识和讲述各种道理,转变为激发孩子的创新意识,培养孩子的创新能力,帮助孩子形成发散性思维,这样孩子在面对很多棘手的难题时才能"八仙过海,各显神通",甚至能学习孙悟空七十二变,想方设法地解决问题。看着昔日里依赖性很强的孩子越来越独立,父母一定会感到非常欣慰,也很开心。

要想让孩子学着孙悟空的样子七十二变,绝不向困难低头,父母要做到以下几点。首先,给孩子机会独立思考和解决问题,不要凡事都为孩子代劳。很多父母已经习惯了包办和孩子有关的所有事情,他们始终把孩子看成需要保护的弱小生命,而没有意识到孩子已经渐渐长大,需要得到独立思考的机会。尤其是在进入初高中之后,孩子在学习上常常面对困难,很多父母如果自己有能力辅导孩子,就会不假思索地告诉孩子正确答案;如果自己没有能力辅导孩子,就不惜花费重金为孩子请家教,并且告诉孩子有任何难题都可以问家教。长此以往,孩子就会懒于动脑,不管有什么问题,都不愿意开动脑筋思考,而习惯于求助他人。俗话说,脑子越用越灵活,如果孩子长期不愿意动脑,渐渐地思维就会越来越僵化。在遇到难题的时候,父母要给孩子独立思考的机会,如果孩子不愿意思考,那么父母可以引导孩子一步一步地展开思考,拨开问题表面的迷雾,看到问题的内在思路。当孩子感受到思考的乐趣,就会渐渐地爱上思考。

其次,在保证安全的情况下,不妨让孩子"撞南墙",这样孩子才会对后果有更深刻的认知。大多数父母都会犯一个错误,即忍不住要对孩子指手画脚,尤其是当孩子的想法与父母的想法背道而驰时,父母更是会当即批评和否定孩子,然后强制孩子必须接受父母的建议和安排。的确,父母的人生经验比孩子更为丰富,很多时候都能够给出更好的建议。但是,父母不应该因此就全盘否定孩子。从来没有任何孩子能够在刚刚出生的时候,就拥有和成人一样睿智的思维,更不可能进行周密的思考。每一个孩子的成长都是漫长的过程,要循序渐进才能得到提升。父母要尊重孩子成长的节奏和规律,也要在与孩子产生意见分歧的时候,给孩子表达的机会,更要尊重孩子的意见。如果孩子坚持己见,不愿意接受父母的建议,那么在能够保证孩子安全的情况下,父母应该把亲身实践的权利交还给孩子。在成长的某些阶段,孩子是需要亲自"撞南墙"的,这样他们才能根据现实的结果主动反思自己的选择和行动,从而在下一次遇到类似的情况时，有经验可以调用。反之，如果父母不给孩子亲身实践的机会，一味强求孩子必须按照父母所说的去做，那么虽然保护了孩子，却让孩子对父母心怀抱怨，也使孩子再次遇到类似的情况时，依然想要按照自己的想法去做。与其如此，父母不如在可控的情况下，给孩子机会亲自尝试，亲身实践。

再次，鼓励孩子多多尝试，失败了也没关系。如今，有很多孩子的内心都非常脆弱，尤其是那些从小就表现得特别优异的孩子，更是只能享受成功的喜悦，而不能接受失败的打击。这是为什么呢？究其原因，是因为他们从小就在父母的赞美声和他人的掌声中长大，从来没有经历过任何错误，更不曾感受过失败的痛苦。这样的孩子就像是温室里的花朵，经不起任何风吹雨打。前段时间，网络上的一则消息显示，一个高中的男孩因为考试成绩不理想，被老师约谈，回到家里再出门之后，就消失了。父母发动各种力量寻找很多天，也没有找到男孩，可想而知，男孩凶多吉少。为何一个高中生不能承受一次考试成绩不理想呢？很多人都说是因为现在的孩子心理太脆弱，其实，是因为家庭教育和学校教育出了问题。尤其是在家庭教育中，父母切勿总是无条件满足孩子的各种欲望，更不要让孩子误以为他们的人生就该是一帆风顺、波澜不惊的。在这个世界上，从没有任何人生是绝对顺利的，在人生的历程中，人人都会经历各种挫折和磨难，只有真正内心强大的人才能战胜逆境，到达人生的巅峰。

作为父母，每当孩子面对挑战的时候，一定要多多鼓励孩子勇敢无畏地迎接挑战，投入挑战。当孩子失败的时候，父母要给予孩子支持，而切勿打击孩子，更不要否定孩子，否则就会让孩子失去信心，畏首畏尾，一切事情都不敢做。当孩子处于自我封闭的状态之中，还谈何成长和进步呢？自然也就不会有任何令人惊喜的变化。

最后，营造和谐民主的家庭氛围，让孩子成为小主人。在家庭生活中，很多父母都已经习惯了高高在上地对孩子发号施令，他们以孩子听话为荣，却忽略了如果孩子不断成长，依然只会对父母言听计从，则意味着他们失去了思想和主见，成为父母的应声虫。

父母要为孩子营造和谐民主的家庭氛围，只有在这样的家庭环境中成长，孩子才能从小就畅所欲言，养成敢想敢说的好习惯，也能够积极地参与家庭事务，发表自己的观点，成为真正的小主人。对于每个孩子而言，家庭就是他们从出生就赖以生存的环境，父母就是他们从小就非常信任和依赖的人。孩子只有在家庭中面对父母时轻松自信地畅所欲言，将来走出家庭走入学校，面对老师和同学才能充满自信，将来有朝一日走入社会面对各种陌生人，也才能无所畏惧，像孙悟空一样七十二变。

和中国的传统教育相比，西方国家的家庭教育更注重培养孩子的独立性和自主性，也更看重孩子的创新能力发展。很多中国的父母已经意识到家庭教育的问题，那么就要在继续发扬长处和优势的前提下，积极地学习西方先进的教育理念，培养积极乐观、自信主动的孩子，让孩子将来能够发挥创新意识，从容地面对生活中的困难。

变则通，通则灵

古人云："变则通，通则达，达则兼济天下。"这句话是什么意思呢？意思是，事情在经过长期发展之后，很容易遇到问题，甚至会进入死胡同，在这种情况下一定要试图改变。因为只有改变，才能解决问题，才能通达。在靠着变通通达之后，还要发挥自身的力量慷慨地帮助他人。其实，这句话的前半句出自《周易·系辞下》："穷则变，变则通，通则久。"意思是说事物发展到极致就要求变化，从而使事物不受阻塞地持续发展。即使把这句话放在今天，也依然很有道理，它教育我们要积极地改变现状，创造性地进行变革。

青少年也许会感到困惑，什么才是事物的极致状态呢？其实，很多事物在还没有发展到极致状态的时候，就会遇到瓶颈，或者遭遇障碍。面对这样的情况，同样需要变通。例如，青少年在学习上遭遇瓶颈，虽然很努力地学习某一科，但是却收效甚微。在这种情况下，与其继续沿用此前的学习方法，浪费时间和精力，不如调整思路，换一种方法，说不定还能事半功倍呢。人生中最糟糕的状态不是遭遇失败，而是停滞不前。很多时候，哪怕是失败也能积累经验，吸取教训，远远比停在原地，止步不前更好。失败，也是一种变化，能够督促人进行深刻的反思，也能够激励人坚持进取，不懈努力。

青少年需要变通之处不仅在于学习方面，在生活中的很多方面，都可以坚持变通。例如，很多青少年都喜欢拖延，常常在不知不觉中浪费时间，也错过了好机会。如果能够积极地改掉拖延的坏习惯，变通一下，采取更合理有效的时间安排方式，就可以大大提升对时间的利用率，最大限度地利用时间，也让时间产生最大效用。再如，在人际关系方面，有些青少年过于坚持原则，既严格要求自己，也严格要求他人，结果导致人际关系紧张。其实，严于律己是正确的，对待他人却要宽容。还记得北风和南风的故事吗？北风呼啸，吹得人们更加裹紧了棉衣；而南风和煦温暖，清风拂面，反而让人脱掉了厚重的棉服。对待他人，青少年也要如同春风般温暖，才能得到他人友好的对待，从而改善人际关系。

西方国家有句谚语，叫"条条大路通罗马"。这句谚语起源于古罗马城非常繁荣，道路四通八达，不管选择哪一条道路，只要始终坚持正确的方向，就一定能够到达古罗马城中心。青少年在灵活变通的过程中，如果迷失了目标，那就不是变通，而是彻底放弃。真正的变通，是不管采取怎样的方式，也不管如何迂回前进，最终都会实现目标。

2020年春季，因为疫情影响，全国各地的学校都延迟开学，转而开展网上教学。家里只有一台笔记本电脑，这可怎么办呢？季洁上课需要用笔记本电脑，完成作业也需要笔记本电脑，妈妈在家工作更需要笔记本电脑。一开始，季洁经常因为笔记本电脑和妈妈产生冲突。有一次，妈妈为了配合季洁上课和完成作业，还耽误了工作，被领导批评。爸爸看到季洁和妈妈着急的模样，提出建议：一是再买一台笔记本电脑，二是根据时间安排错峰使用，灵活调整。

再买一台笔记本电脑，需要妈妈和季洁共同出资，看着自己为数不多的压岁钱，季洁当即否定了这个提案。灵活安排错峰使用笔记本电脑，需要季洁和妈妈商议着来，所以她们都心平气和地列出使用笔记本电脑的时间，看看能否交叉进行。季洁线上上课的时间是固定的，但是完成作业的时间是可以灵活调整的。为此,白天,季洁除了上课使用笔记本电脑之外,都把笔记本电脑交给妈妈使用,然后妈妈争取在白天完成所有的工作,等到晚上就把笔记本电脑给季洁完成作业用。就这样,原本鸡飞狗跳的忙乱,变成了秩序井然的合理使用。季洁开心地对妈妈说:"原来,只要安排合理,一台笔记本电脑也足够我们俩使用啊!"爸爸工作不需要使用笔记本电脑,只要用手机就行,就这样,一家三口宅在家里抗疫的生活变得越来越和谐愉快。

显而易见,季洁既要完成学业,也不想耽误妈妈工作;妈妈既想完成工作,也不想耽误季洁学习。与此同时,她们俩都不想为了短暂的宅家时光,就花钱再买一台笔记本,给家庭经济增加压力。本着共同的初心,季洁和妈妈好好商量,调整了使用笔记本电脑的时间,终于让笔记本电脑圆满完成了妈妈工作和季洁学习的两项艰巨任务。

变通的方法可以用在很多事情上,因为变通从本质上而言是一种思维方式。很多人思维都很僵化,表现在生活中的小事情上,就是墨守成规。例如,有些家庭主妇觉得就应该用辣椒、韭菜炒鸡蛋,而不能用白菜炒鸡蛋。实际上,只要尝试一次就会知道,白菜炒鸡蛋也是很好吃的。那么,青少年的思维僵化会带来怎样的后果呢?举例而言,青少年放学的时候忘记带语文作业本了,所以他当天晚上就没有完成语文作业。实际上,只要带了语文书或者练习册,同样可以找一张白纸完成作业啊。再如,青少年在完成试卷的过程中,只会按照从前往后逐题完成的顺序做每一道题目,一旦遇到不会做的题目就会苦思冥想,浪费了考试的时间,导致后面有很多题目都没有时间完成。其实,遇到不会做的题目,如果思考片刻没有思路,就可以跳过去做其他题目,等到把所有的题目都做完了,再回过头来思考难题,这样才能最大限度地保证完成试卷,考取好成绩。青少年一定要养成变通的思维习惯,才能在面对各种难题和突发情况时,做到"兵来将挡,水来土掩"。

唤醒记忆的宝藏

人们常常用"茶壶里煮饺子倒不出来",来形容一个人虽然学习了很多的知识,但是却不能灵活运用,导致这些知识变成了尘封在记忆库中的死知识,而不能发挥应有的效用。在传统的教育方式下,不管是父母还是老师,都更侧重于对孩子进行填鸭式教学。然而,随着时代的发展,教育观念的更新,越来越多的教育工作者认识到,对于孩子而言,灵活运用知识的能力更重要。所谓灵活运用,既包括活学活用,也包括能够调动记忆库里的知识宝藏,使其发挥最大的效用。

打比方来说,过年了,有些家长会让青少年写春联。在中小学阶段,他们原本已经背诵了很多寓意美好的诗歌,但是在写春联的时候却一句也想不起来。在这种情况下,如果说出诗歌的名字要求他们背诵,他们又能背诵得滚瓜烂熟。这就是因为他们只能通过诗歌名字的刺激想起诗歌的内容,而对于写春联的灵活刺激,却不能回忆起相关的诗歌内容。孩子不管储备多少知识,都要灵活运用,才能发挥知识的作用,让知识产生力量。

要想帮助孩子把储备的知识都关联起来,做到随时都能灵活运用,父母就要多给孩子机会开动脑筋,积极地进行思考。人们常说,脑筋越用越灵活,意思就是要调动知识解决问题。在运用知识解决问题的过程中,青少年对于知识的理解会更加深刻,而且还会在反复运用知识的过程中,增强自身的学习能力。打个不恰当的比方，那些尘封在记忆深处的知识，就像是长期被冷冻在冰箱角落里的食物，早就已经被主人遗忘了，而且还被冰冻在冰箱的内壁或者隔板上。不得不说，这简直太可怕了。既然如此，我们还辛辛苦苦地学习知识干什么呢？从现在开始，青少年朋友们一定要抓住各种机会调用知识，这样才能让自己的脑筋更加灵活，也才能尽量圆满地解决各种难题。

此外，青少年还要提升记忆力。很多人误以为记忆力是天生的，觉得记忆力无法通过努力得到提升。其实，这是对于记忆力的误解。还记得《最强大脑》节目吗？那些参与挑战的人具有惊人的超强记忆力，但是他们并非天生就是如此，而是采取各种有效的方式坚持锻炼记忆力，所以记忆力才能越来越强。例如，他们会采取关联法进行记忆，即把要记忆的内容与熟悉的事物关联起来，这样就可以帮助记忆；还可以赋予没有意义的那些内容以含义，这样就能运用理解的方式加深记忆。此外，还可以用画图的方式帮助记忆，近些年来很流行的脑图就是很好的记忆方式，每个人都可以选择以喜欢的图画来构成需要记忆的重点内容，如记忆树、记忆群山、记忆蝴蝶等，都很生动形象。

除了采取各种有效的方式增强记忆力之外，青少年在日常生活中还应该多多摄入有助于增强记忆力的食物，如核桃等坚果，富含蛋白质的牛奶、豆腐，还有富含不饱和脂肪酸的深海鱼类等。这些食物都含有促进脑部发育的营养素，可以帮助增强记忆力，应该多食用。

当然，最好的提升记忆力的方式，就是经常进行记忆力训练。青少年正处于记忆力的黄金时期，不但机械记忆的能力很强，而且随着学习的不断推进，理解记忆的能力也水涨船高。在此期间，青少年既要多背诵老师要求背诵的课文等内容，也可以主动背诵一些有用的内容，如英语课外读物、古代的诗词曲等。坚持进行记忆力训练，会让记忆力越来越活跃，记忆的效果也会越来越强。

自从上了初中，佳妮最害怕写作文。小学阶段，作文要求的字数少，佳妮凑凑还能够数，但是到了初中，作文要求的字数多，对于内容的质量要求也更高了，佳妮每次写作文都如同挤牙膏，非常痛苦。看到佳妮次次考试作文都扣掉八九分，妈妈给佳妮报名参加了作文培训班，希望经验丰富的老师能够启发佳妮的作文灵感，让佳妮写作文更得心应手。

第一次上作文课，两个小时的课程，老师用了一个小时和同学们聊天，聊天的话题就是要写的作文题目。一开始，佳妮还很着急，心想：老师啊老师，您怎么还不结束讲解呢，马上写作时间就不够我挤牙膏的啦！然而，聊着聊着，佳妮越来越放松，原来老师聊天的内容很有趣，而且覆盖的面很广。作文题目是《晒》，同学们在讨论阶段只想到了军训很晒，太阳很毒，衣服被晒干了，思维非常局限。老师聊天的内容马上引起了同学们的兴趣，原来老师说到了微信朋友圈里的晒，引申出网络上曝光的各种事情，又谈到了网络暴力，说起了陈凯歌的电影《搜索》；老师还聊到了国庆七十周年阅兵仪式，说起了中国曾经的贫病积弱，说起了抗日战争和内战，也说起了中华人民共和国成立之初国力衰弱……由此总结概括：七十年国庆阅兵仪式，中国向全世界晒出了国之重器，是骄傲的晒，是自豪的晒，是胸有成竹、胜券在握的晒。这样的晒，意味着中华民族已经屹立于世界民族之林，中华人民共和国已经屹立在世界强国之列。这样的晒，不是炫耀，不是显摆，而是充满底气的展示。

老师话音刚落，同学们从看着简简单单的"晒"字发愁，到文思泉涌，全都提起笔来唰唰唰地写着。很快，才半个小时过去，就有同学完成了600字的作文，交给了老师。一个小时之内，所有同学都陆陆续续地交了作文。后来，老师把同学们的作文发给家长看，家长们全都觉得质量有所提升。这是为什么呢？老师这才揭示了谜底：作文最重要的是言之有物，同学们心里有物，到了写作文的时候却遗忘了，不能把从前积攒的资料写出来，因而作文就很空洞，甚至有无从下笔的感觉。学会调集已有的资料，将其整合成为一篇言之有物的作文，这是一种能力。佳妮由衷地竖起大拇指给老师点赞，在跟随老师上了十几次课后，佳妮写作文再也不像挤牙膏了。她还听从老师的话，平日里坚持阅读，积累好词好句，这样写作文的时候就可以灵活运用，让整篇作文都出彩。

很多青少年都不喜欢写作文，常常觉得下笔困难，要想凑出一篇文章就更困难了。这是因为青少年缺乏写作的素材，一则是青少年本身就看书少，缺乏人生阅历，二则是青少年无法把深藏在记忆深处的资料调集出来，用于作文之中。要想解决前一个问题，青少年就要坚持阅读。如今提倡全民阅读，青少年正处于学习的关键时期，更要坚持阅读，长期积累，这样就能把很多零散的材料集中起来，成为写作的素材。古人云"读万卷书，行万里路"，就告诉我们读书和行路一样重要。行路要受到各种条件的限制，要有时间、有财力支撑，还要气候适宜，才能进行愉快的旅行。读书则随时随地都可以进行，不需要走出家门就可以领略全世界各个地方的风土人情；不需要与人面对面地交谈，就能与那些伟大的作家学者进行心灵的沟通与交流；不需要每天都有大段的时间，只需要花费零散的时间就可以坚持阅读，拓展见识，积累知识……从某种意义上来说，读书是成本最低的学习方式，既可以购买纸质图书阅读，也可以阅读电子书。只要想读书，就可以坚持读书。

读书，也是唤醒记忆宝藏的好方式。读书不仅是吸取知识的过程，也是调动知识的过程。在读书的时候，每当看到新的知识，我们就会调用已有的知识进行理解。如果遇到不懂的地方，我们还会查阅资料，或者用百度等方式帮助理解，这都是新旧知识不断融合的过程，对于记忆力的提升是很有好处的。总而言之，青少年正值黄金记忆时期，一定要培养记忆力，增强记忆力，才能挖掘记忆的宝藏，为学习奠定良好的基础。

会说话，你就赢了

在人际交往中，青少年常常会面临人际危机，这是因为他们不会说话。仅从表面来看，说话是很简单的一件事情，只要上下嘴唇一碰，就能发出声音，就能表达意思。而从语言艺术的角度来看，会说话的人很少，不会说话的人很多。说话，不但是一门艺术，也是一门技术。当然，对于青少年而言，要先学会运用语言表情达意，接下来再掌握说话的技术，最终才能把说话上升到艺术的高度。

俗话说，一句话说得人笑，一句话说得人跳。同样一句话，不同的人说会产生不同的效果，即使同一个人以不同的语气说，也会起到不同的效果。语言交流，是人与人之间沟通的主要方式。人际相处中的很多误解、矛盾、争执等，都是因为沟通不到位导致的。很多父母都会发现，自从孩子进入青春期，与孩子之间的沟通不那么顺畅了，还常常会因为一言不合而争吵起来。其实，这就是沟通出现了问题。孩子小时候心思简单，对父母言听计从，所以很听话，与父母的摩擦也就很少。随着不断成长，孩子的心思越来越复杂，情绪多变，感情冲动，自主意识也逐渐增强，变得更有主见，所以与父母之间的相处就会不那么愉快，言语上的冲突也会更多。父母要根据孩子的身心发展特点，及时调整与孩子沟通的方式，这样才能争取把话说到孩子的心里去。

与此同时,父母还肩负着教会孩子说话的重任。毕竟在家里,父母可以包容孩子不会说话,一旦进入学校,与老师同学相处,或者走入社会,与陌生人打交道,孩子要是不会说话,一开口就会输掉。

首先,父母要教会孩子讲礼貌。很多孩子在家里衣来伸手,饭来张口,已经习惯了使唤父母和爷爷奶奶等长辈,即使走出家门,也会理所当然地认为,别人应该为他们提供服务。在这种心态的影响下,他们在和他人沟通的时候,丝毫不注意礼貌,而且毫不客气。殊不知,礼貌是人际相处的润滑剂,尤其是对于陌生人而言,孩子能否礼貌地说话决定了将会给陌生人留下怎样的印象。所以,礼貌是很重要的,讲礼貌是给他人留下好印象的第一步,也是与人友好相处的良好开端。

眼看着天就要黑了,一个贵族在森林里打猎时迷路了。他策马疾驰,远远地看到前方有个猎人,扛着猎枪,拎着猎物,正在走着。贵族扬起马鞭,让马加速朝前跑去。很快,他来到猎人身边,大声地问:"喂,这里向前能找到住宿的地方吗?"猎人头都没抬,轻轻点点头,贵族马不停蹄地疾驰而去。他一口气向前又跑出去很远,但是依然没有找到住宿的地方。他这才想到也许猎人没听清楚他的问话,因而他掉头朝回赶去,想再找猎人问问。

他往回骑了一段路,看到猎人还在路边慢慢地走着。这一次,他远远地就下马,牵着马站在路边等着猎人走过来,他问:"您好,这位先生,请问这里往前是否有住宿的地方啊?我迷路了,眼看着天就要黑了,没有地方存身。"猎人抬起头看着贵族,微笑着说:"你可以和我住,我狩猎的小屋就在前面。如果你不嫌弃,还可以和我一起吃野兔肉。"说着,猎人举起了手中的野兔。贵族求之不得,连声感谢:"那可太好了,谢谢您,谢谢您！您可真是好心人，如果不是您收留我，我估计我今晚只能爬到树上坐着了，否则一定会成为野兽的腹中美食。"就这样，猎人带着贵族回到小屋，不但烤了野兔给贵族吃，还把自己珍藏的酒也分给贵族喝呢！

贵族趾高气扬地向猎人问路，既没有下马，也没有减速，就这样从猎人身边疾驰而过。猎人被马蹄扬起的灰尘呛得睁不开眼，张不开嘴，肯定不愿意告诉贵族正确的道路。后来，贵族意识到自己的行为不妥，又返回去找猎人问路，这一次他早早地下马，很有礼貌地问路，不但得到了猎人的礼貌回答，还得到了猎人的款待。由此可见，有礼貌，不但是尊重他人的表现，也决定了我们将会得到他人怎样的对待。

其次，父母要以身示范，教会孩子正确的表达方式。很多父母和孩子说话总是带着命令的口吻，居高临下地对孩子下达命令，长此以往，孩子也会养成不好的表达习惯。正如人们常说的，父母是孩子的老师，孩子是父母的镜子。很多父母常常对孩子大喊大叫，孩子也就会养成大喊大叫的坏习惯；父母对孩子温言细语，喜欢和孩子讲道理，孩子也会彬彬有礼，说话的音量适度。作为父母，当发现孩子有某些缺点和不足时，一定不要忙着指责孩子，而是要先反思自身，从自己身上找原因，及时地改正自己做得不对的地方，这样更有助于给孩子做好榜样，也能在潜移默化中影响孩子。

再次，教会孩子为他人着想，避免孩子总是指责他人。很多孩子都在父母的骄纵和宠爱中形成了以自我为中心的错误思维模式，他们常常对他人提出苛刻的要求，一旦看到他人犯错误，就会不分青红皂白地指责他人。这样的做法是非常糟糕的，因为每个人都会有苦衷，即便他人真的犯了错误，也要宽容对待他人，给他人改正错误的机会。如果孩子总是这么挑剔和苛责他人，就会失去朋友，招人厌烦。

最后，父母可以创设情境，经常与孩子练习如何说话。有些孩子情商很高，即使没有父母的指导，也能想到他人的苦衷，因而以恰当的方式与他人交流。有些孩子情商很低，既没有养成为他人着想的思维习惯，而且说话还很冲，不能委婉地表达。那么父母可以针对生活中常见的一些情景，创设具体的情境，和孩子扮演不同的角色，进行语言沟通。日常生活中，也可以让孩子多看看语言类的电视节目，让孩子学习如何表达。这些都是很好的语言练习方式，只要坚持，就能起到良好的效果。

现代社会，情商的地位被提升得很高，而情商的重要表现之一，就是说话。一个会说话的孩子，在人际相处中会表现更好，也能赢得他人的好感，与他人之间建立良好的人际关系，这对于成长是很有好处的。俗话说，祸从口出，教会孩子好好说话，不但能为孩子赢得好人缘，还能为孩子避免灾祸，何乐而不为呢？

以国学作为人生的底蕴

《三字经》的第一句是：人之初，性本善，性相近，习相远。这句话的意思是说，人刚刚出生的时候，本性都很善良，但是因为每个人在不同的环境中生活和学习，所以彼此之间的差距越来越悬殊。简简单单的十二个字，却蕴含着一个深刻的道理，这就是国学的魅力。而且，不管是《三字经》还是《弟子规》，孩子们读起来都朗朗上口，也很容易诵读记忆。曾经有一位教育学家进行试验，让一组孩子从小就背诵古诗词，而另一组孩子从不背诵古诗词。结果若干年后，从小背诵古诗词的孩子在学习方面明显更加轻松，理解力和记忆力都显著增强。而从来不曾背诵古诗词的孩子，学习能力处于弱势。

也许有些父母觉得孩子小时候根本不理解古诗词的意思，的确如此，古诗词语言凝练，含义深刻，年幼的孩子很难理解。但是没关系，孩子小时候机械记忆能力很强，他们可以只听读音就熟练背诵古诗词。随着不断成长，孩子的理解能力会越来越强，说不定在某个时刻就会恍然大悟，感受到古诗词营造的意境，也领悟了古诗词的深刻意义。这就相当于在孩子脑海中存储古诗词，这些意境优美、语言凝练、蕴含着深刻人生道理的古诗词，最终会成为孩子的人生底蕴。

父母一定要重视对孩子进行国学教育，除了让孩子背诵古诗词，也要向孩子讲授很多深刻的道理。在古代，生产力虽然不高，人们的意识水平也没有达到如今的高度，但是很多古人所说的话经过了几千年的流传，依然很有道理。例如，荀子《劝学篇》曰："故不积跬步，无以至千里；不积小流，无以成江海。"告诉我们必须坚持点点滴滴地积累，才能获得大的进步，才能有所成就。孔子《论语》曰："学而不思则罔，思而不学则殆。"告诉我们只学习却不思考就会感到迷惘，只思考却不学习就会感到困惑，鞭策我们一定要把学习和思考结合起来，才能学有所获。陆游说："书到用时方恨少，事非经过不知难。"告诉我们一定要用功读书，在宝贵的青春年华里，用书籍来丰富内心，充实知识；告诉我们人生中的很多事情都需要亲身经历，只看着别人经历，是不可能真正体会到其中的难处的；告诉我们要学会设身处地为他人着想，理解他人的苦衷和难处。

国学，是中国传统的思想文化学术。国学，凝集了中华民族上下五千年来文化的精粹，也凝聚了无数先人思想的精华。学好国学，掌握传统文化，既可以让自己拥有深厚的文化底蕴，也可以让自己领悟更多为人处世的道理，可谓一举两得。所以青少年一定要重视国学学习。近些年来，国学的地位越来越高，很多教育者也越来越推崇国学的学习。社会上，很多国学培训班如同雨后春笋般层出不穷，如果孩子在学校里所学国学知识不多，父母可以选择让孩子在课外补习国学。只看国学二字，就不难得知国学是与国家历史的沉淀密切相关的，是每一个中国人都应该全力以赴学好的古文知识和文化精粹。任何学科都不能代替国学，很多在海外定居的华人，都会在家里教授孩子国学知识，因为他们知道国学是每一个中国人的根。

具体而言，青少年学习国学有以下好处。

第一，学习国学，可以培养传统美德。传统文化中的道德伦理观，包括"仁义忠恕孝悌礼信"，是中华传统文化的核心所在。青少年坚持学习国学，能够培养传统美德，也通过理解国学文化，学会处理人际关系，学会与自然和社会相处，学会与世界相处。

第二，学习国学，可以陶冶情操。很多优秀的古典经文已经传承了几千年，经受了时间的考验，在历史的长河中始终熠熠闪光。国粹文化更是每一位国人的宝藏，青少年要珍惜这份来自祖先的沉甸甸的礼物，汲取其中的营养。国学不仅仅包括文学，也包括艺术、哲学等方面的知识，是庞大而又复杂的知识体系。

第三，学习国学，可以健全孩子的人格。现代社会越来越浮躁，各种看似时尚的风潮接踵而至，让孩子们感到非常困惑。坚持学习国学，能够让孩子的内心更加笃定，让孩子更清楚人生的方向，也能在面临各种诱惑的时候，坚定不移地做好自己。青少年刚刚走上人生的道路，未来还会面临很多的艰难困苦，如果没有健全的人格，也不能笃定自己的内心，则一定会彷徨迷惘，失去人生的根基，使人生迷失在各种来路不明的思潮中，最终不知所归。

第四，学习国学，可以提升智力，铸造精神。国学看似深奥难懂，实际上就像是一把钥匙，能够打开孩子们智慧的宝库。前文就已经说过，背诵古诗词可以增强和提升孩子们的记忆力，而记忆力恰恰是重要的智力因素之一。在背诵古诗词的过程中，孩子们还能接受传统文化的熏陶，感受传统文化的魅力，在不知不觉间提升智力水平，铸造强大的精神世界。

每一个中国人，不管是成人还是孩子，都要看重国学精粹。在古代文化宝库中，有很多典籍都值得我们反复地阅读，用心地钻研，细细地品味。即使是在现代生活中遇到的难题，也能从古代先哲的警世之言中找到应对的策略。诸如《论语》《孙子兵法》《古文观止》《唐诗宋词》《老子》《庄子》等古代典籍，都是经久流传的。从现在开始，每天读几页国学吧，也许一天两天、三天五天都不会有明显的进步，但是随着时间的流逝，不断地积累，热爱国学的你一定会受益匪浅，进步神速！

打破极限，激发无限的潜能

古人云，千里马常有，而伯乐不常有。所以作为千里马，不要只等着伯乐来寻找和发现自己，而是要抓住各种机会展示自己，才能吸引伯乐的目光，得到伯乐的欣赏。虽然常言道"酒香不怕巷子深"，但这句话放在现代社会并不适用。因为现代社会竞争激烈，没有人再去各个小巷子里寻找真正的好酒，每个人足不出户，就可以通过各种渠道看到各种品牌、不同质量的好酒。所以作为酒家，一定要积极地参与竞争，展示自己的品质，为自己争取得到更好的平台。当然，要想做到这一点，就要不断地突破和超越自我，也要挖掘自身的潜力，让自己的产品得到全方位的展示，得到大多数人的认可。

被埋在泥土里的金子，永远也不会发光。就算有朝一日这块金子能够发光，那也是因为这块金子被人从泥土中挖掘出来了。青少年正处于人生中关键的成长阶段，更是要争分夺秒地学习，以各种方式激发自己的潜能，让自己大幅度提升和进步。要想突破和超越自我，最重要的就是避免自我限定。很多青少年因为缺乏自信，常常在还没有开始做某件事情的时候，就否定自己，轻易放弃，由此彻底失败。反之，有些青少年好胜心强，从不轻易认输，对于自己努力争取可以实现的事情，他们不坚持到最后一刻绝不放弃，这正印证了那句话，笑到最后的人才笑得最好。很多青少年都喜欢看美国好莱坞拍摄的大片，尤其喜欢看那些硬汉，那些硬汉具有顽强不屈的精神，具有坚韧不拔的意志力，所以才会在各种绝境中始终坚持不懈，全力拼搏。甚至有些时候，硬汉们哪怕明知道自己做不到，也会逼着自己勇敢地尝试，拼尽全力争取得到最好的结果，他们正是在打破极限，把自己逼入绝境，置之死地而后生，激发自身的潜能。因为他们很清楚，很多事情如果不去尝试，就会彻底失败，如果不顾一切地尝试，说不定就能打破困局，获得预期之外的好结果。

在成长的过程中，青少年难免会遇到很多困难。越是在艰难的时刻，越是要勇敢地突破和超越自我，才能持续提升自身的能力，让自己快速进步和成长。反之，如果遇到小小的困难就畏缩不前，就怀疑和否定自己，则会一次又一次地降低极限，能力就会随着下降。形象地说，突破极限的过程，就像是在跳高。很多青少年都看过跳高比赛，那么就会知道，那些优秀的跳高选手，在超越一个高度之后，就会尝试新的高度。试问，如果他们看到标杆就选择放弃，那么他们还能挑战新的高度吗？很快，他们就连曾经跳跃的高度都不能达到，跳高能力将会持续下降。也有很多运动员，在创造世界纪录之后，依然不会停下进取的脚步，而是在一次又一次的比赛中，亲自打破自己创造的世界纪录。不得不说，这样的运动员具有永无止境的探索精神，所以才能不断地前进，不断地创新。

潜能的力量到底有多大呢？在打破极限之后，很多人就会发现自己拥有无限的潜能。也可以说，极限是潜能的一个阀门，必须先打破极限，潜能才会迸发出来。曾经有科学家经过研究发现，大多数普通人在一生之中只运用了10%的潜能，即使是伟大的科学家，也只开发出很少的潜能加以运用。相比起人类巨大的潜能宝藏，这些得以利用的潜能只占很小的比例。如果人类激发至少50%的潜能加以运用，那么即使作为普通人，也能把百科全书背诵下来，学会几十种语言，还能考取十几个博士学位呢。想一想，人的潜能是不是很惊人？虽然我们未必能成为爱因斯坦，但是我们至少可以尽量挖掘潜能，掌握更多的知识，学会更多的技能，让自己生活得更好，获得更大的成就。当然，打破极限并不是一件容易的事情，激发潜能更是需要合适的契机。有些时候，被逼到绝境，没有退路，并不是一件糟糕的事情，反而能够给我们足够的理由破釜沉舟。

19岁之前，梅尔隆是一个健康强壮的小伙子。19岁那年，梅尔隆服兵役，在越南的战争中，被流弹击中脊椎，伤势非常严重。他被火速送到国内接受治疗，虽然保住了性命，却瘫痪在床。这意味着他下半生要在轮椅上度过，也意味着他的人生从此会变得很艰难。受到这个沉重的打击，梅尔隆感到非常沮丧，对人生失去了希望。

梅尔隆每天坐着轮椅去酒吧里喝酒，常常喝得酩酊大醉。有一天，他和往常一样在酒馆喝酒，然后坐着轮椅回家。在回家的路上，梅尔隆醉醺醺的，被三个歹徒拦住了去路。歹徒喝令梅尔隆把身上所有的钱财都交出来，梅尔隆死死地摁着钱包，拼命抵抗。歹徒们大费周折，也没有抢来梅尔隆的钱包，不由得怒气冲天，居然点燃了梅尔隆的轮椅。眼看着梅尔隆就要和轮椅一起被烧着了，情急之下，他忘记了自己已经瘫痪很久的事实，居然从轮椅上站起来，不顾一切地跑啊跑啊，一直跑到另外一条街上，才停下脚步。他这时才意识到自己居然站起来了，还跑了那么远。从此之后，梅尔隆过上了正常人的生活，彻底摆脱了轮椅。

已经瘫痪很久的梅尔隆，因为被歹徒拦截，受到了生命威胁，所以在情急之下站立起来，离开轮椅，还跑了很远。如果不是偶然地遇到三个歹徒，他可能一辈子都会在轮椅上度过。遇到歹徒，虽然是不幸的事情，但是对梅尔隆来说，却是很大的幸运。他被歹徒带来的危险激发了潜能，从此之后摆脱了轮椅，过上了正常人的生活。

从某种意义上来说，很多事情我们并非真的做不到，而只是因为发自内心地认为自己做不到，所以才会在开始之前就决定放弃，由此陷入彻底的失败之中。当我们相信自己，当我们坚定不移地认为自己一定能够做到时，我们就会迸发出巨大的力量，从而创造属于自己的奇迹。

只与自己比

坚持进步，是一种能力。很多青少年都不能坚持进步，或者觉得辛苦，在稍微努力之后就放松了，或者骄傲自满，有了小小的进步就马上停下脚步，不再奋力进取。人生的道路那么漫长，一时的进步并不能代表什么，获得小小的成就之后，更需要坚持努力，才能更上一层楼。当然，即使基础差也没关系，因为没有谁从一出生就站在高山之巅，要想到达人生的顶峰，总是需要一步一步地坚持向前。俗话说，千里之行始于足下，就是这个道理。

现代社会，很多父母都陷入教育焦虑状态，盼望着孩子能够快快长大，成人成才，为此给孩子报名参加各种培训班、补习班、兴趣班。然而，孩子却觉得不堪重负，万分疲惫。也有些父母动辄就把自家的孩子与别人家的孩子进行比较，嫌弃自家孩子这里不好、那里不好。父母的本意也许是激励孩子向优秀的孩子学习，却没想到在此过程中伤害了孩子的自尊心，也使孩子不愿意继续努力。这样的横向比较方法，很容易让孩子迷失自我。明智的父母不会把孩子进行横向比较，而是会让孩子与自己进行纵向比较。所谓纵向比较，就是把孩子的今天与昨天相比，看看孩子是否有进步。只要孩子每天能够坚持进步一点点，积少成多，孩子就能获得成长。

期中考试，季然从班级倒数第二名进步了五个名次，成为班级的倒数第七名。和那些学习成绩拔尖的孩子相比，季然的成绩并不好。所以季然拿着试卷回到家里的时候，明显感到心虚，不敢看爸爸妈妈的眼睛，很担心爸爸妈妈会说"你怎么又是倒数啊，你什么时候才能给我们长长脸，我们的脸都被你丢尽了"。然而，爸爸妈妈这次一反常态，在看到季然的考试成绩后，非但没有批评季然，反而夸赞季然："这次考得不错啊！"季然惊讶地说："还是倒数，倒数第七。"爸爸说："倒数第七也不错啦，我记得上次是倒数第二，这说明进步了五个名次，是你努力的结果。"妈妈也笑眯眯地看着季然说："如果下次考试能再进步三个名次，就不再是倒数了。你们班级里总计42人，你就是33名了。加油啊，儿子！"说着，妈妈还夹了一块红烧排骨放在季然的碗里。

季然受宠若惊地吃着红烧排骨，沉默很久，终于抬起头鼓起勇气问："爸爸妈妈，你们这次……这次……怎么没有批评我呢？"听到季然的问题，爸爸妈妈尴尬地沉默着，最终还是妈妈打破了沉默："季然，以前爸爸妈妈教育你的方法是不对的。你虽然考试成绩不是很理想，但是你很懂礼貌，也常常主动帮助爸爸妈妈分担家务，你是个好孩子。而且你很努力地学习，哪怕没有明显的进步，我们也不应该抹杀你的付出。这次，你还进步了五个名次，这可是非常厉害的，爸爸妈妈都为你感到骄傲。以后爸爸妈妈再也不拿你和楼上的王怡然比较了，就用你这次的成绩与你上次的成绩比较，如果有进步，就要大力表扬。如果退步了，那么就和你一起分析原因，帮助你查漏补缺，好不好？"季然重重地点点头，含着眼泪说："谢谢爸爸妈妈。"

让爸爸妈妈惊讶的是，自从他们对季然的要求变得更加合理，看似是降低了要求，实际上季然的表现更好了。他更加积极地投入学习，遇到不懂的问题就向老师请教，每天放学回家都认认真真地完成作业。一段时间过去，在月考中，季然又上升了六个名次。爸爸妈妈由衷地为季然点赞，也很认可季然的努力和付出。渐渐地，季然找到了自信，学习状态越来越好，学习成绩也渐渐提高了。

很多父母都会犯一个错误，即把自家孩子与其他孩子进行横向比较。殊不知，每个孩子的天赋不同，在学习方面所擅长的也不相同。如果盲目地把自家孩子与其他孩子比较，就会伤害孩子的自尊，也会导致孩子失去自信。明智的父母会客观看待自家孩子，既看到孩子的优点和长处，也看到孩子的缺点和短处，从而帮助孩子扬长避短，取长补短。对于那些在学习上暂时落后的孩子，父母尽管心急，也不要催促孩子，更不要对孩子揠苗助长。只有给孩子足够多的时间，让孩子努力追赶，也只有经常鼓励孩子，振奋孩子的信心，孩子才能有更好的表现。

相比起横向比较，对孩子进行纵向比较显然是更加合理的。所谓纵向比较，就是不把自家孩子与其他孩子比较，而只把孩子与自身比较。以时间为轴线，看到孩子点点滴滴的进步，及时鼓励孩子，多多认可孩子，这对于帮助孩子成长是很重要的。在此过程中，孩子得到父母的认可，会更加自信，也会保持自尊。其实，对于每一个孩子而言，内部驱动力都是更为持久的。父母尊重孩子，激励孩子，认可孩子，支持孩子，看到孩子的进步，看到孩子身上的闪光点，正是激发孩子内部驱动力的最好方式。

从现在开始，父母们一定要学会对孩子进行纵向比较，致力于帮助孩子养成每天进步一点点的好习惯，让孩子坚持成长，坚持努力！

接受不能改变的，改变可以改变的

人生中，总有一些事情是客观发生的，仅凭着主观的意志根本无法改变。对于这些事情，有些人选择抱怨，有些人选择被动接受，还有些人选择面对。在这三种态度中，毫无疑问，抱怨是最消极的方法，是不可取的；被动接受是相对被动的应对方式，虽然不能积极地改变现状，但是至少可以面对；勇敢面对，是一种积极的应对方式，在有能力且具备相关条件的情况下，说不定就能扭转局势，产生最好的结果，这就是改变的力量。概括起来说，我们要接受不能改变的，改变可以改变的，不管什么时候都不要徒劳地抱怨。因为抱怨除了会影响心情之外，对于我们解决问题并没有任何好处。

当然，要想做到这一点并不容易。首先，青少年要调整好心态，坦然面对人生中的不如意。常言道，人生不如意事十之八九，这告诉我们不如意是人生的常态，没有人会在一生之中始终顺遂如意。既然如此，我们就要学会接纳人生的不如意，不管是他人恶意的伤害，还是突发的危机，如果不能逃避，那就只能面对。青少年要有一颗强大的心，在面对人生的各种际遇时，始终坚强勇敢，无所畏惧。古人云，兵来将挡，水来土掩，就是这个道理。

其次，青少年要有积极的心态，才能在面对各种不如意的时候，做好准备，主动应战。面对人生的坎坷困境，被动地接受并不是最好的选择。因为被动意味着无奈，意味着顺从。只有采取积极的心态面对各种不如意，才能在艰难的处境中越挫越勇，从容不迫地战胜胆怯，从畏怯到坚强。逃避，从来不能真正解决问题，只能为我们赢得短暂的时间去拖延，要想真正解决问题，就要勇敢面对。有些父母觉得青少年很少有烦恼，其实这是错误的观念。青少年虽然不用为生计发愁，但是也有很多烦恼。例如，在学习上遇到困难，不能如愿以偿地提升学习成绩；与同学相处时总是有矛盾，无法融洽友好地相处；对于自己的理想，虽然努力拼搏，距离实现理想却始终很遥远。

父母之所以觉得青少年没有烦恼，就是因为不了解青少年的内心。作为父母，要想做好青少年的情绪疏导工作，就要和青少年保持顺畅的沟通，这样才能让青少年打开心扉，把很多心里话都告诉父母。父母如果能够时刻洞察青少年的心理状态，就可以在青少年出现心理问题的时候，及时给予青少年关怀和帮助。很多心理问题的发生，都有一个积累的过程，都是积少成多才渐渐成为心理疾病的。对于心理问题，就像大禹治水，要采取疏通的方式，而不要一味地堵塞。这样才能让情绪之流保持畅通，也才能让心灵清净健康。

升入初二，班级里换了新的英语老师。杨浩特别喜欢初一的英语老师，几次三番在妈妈面前抱怨："之前的英语老师多好，不知道学校为什么要给我们换老师。这个英语老师特别凶，说话一点儿都不和善，我看到她就害怕，就讨厌。我就喜欢之前的英语老师。"妈妈一开始好言好语地劝说杨浩："老师都很好，只不过每个人的性格不同，教学方式也不同。你要适应新老师。"一个多月过去了，杨浩月考的英语成绩下降明显，妈妈这才意识到问题的严重性，赶紧去学校找英语老师沟通杨浩的情况。

经过了解，妈妈得知杨浩在英语课上表现很消极，上课不认真听讲，回答问题也不积极，完成英语作业态度不认真，往往敷衍了事。回到家里，妈妈问杨浩为何表现这么糟糕，杨浩还是老生常谈："我不喜欢这个英语老师。"妈妈语重心长地对杨浩说："你不喜欢英语老师，准备怎么办呢？难道因此就调班级，那万一你不喜欢其他班级的语文和数学老师怎么办？一个人不可能喜欢自己遇到的每一个人，就像英语老师也未必喜欢班级里的每一个同学，但是她还是要尽心尽力地教你们知识。你现在在学校里环境很简单，接触的人也很少，将来走上社会，难道因为不喜欢同事或者上司就换工作吗？换了又如何，就一定会喜欢新公司的所有同事和上司吗？人生在世，不可能万事如意，所以要学会调整心态，积极地接受现状，努力去适应。否则，最终只会让自己非常被动。"听了妈妈的话，杨浩陷入沉思，过了很长时间才说："那我试试想想英语老师的好处吧！"

后来，妈妈又几次和英语老师私下沟通，与英语老师之间建立了良好的关系，并且请英语老师多多关注杨浩，帮助杨浩。在妈妈、英语老师的共同努力下，杨浩终于开始看到英语老师的优点，也不那么反感和排斥英语老师了。随着和英语老师的关系得到改善，杨浩的英语学习又追赶上来，成绩也得以提升。

每一个人固然要积极地改变各种事情，却也要学会从容地接受不能改变的一切。这就是做人的道理，既要坚持，也要变通。面对人生的瞬息万变，只有随机应变，才能审时度势，及时做出正确的处理。青少年遇到不喜欢的老师和同学，切勿总是想着他们不好的地方，而是要多想想他们好的地方，这样才能劝说自己更好地与他人相处。

再次，青少年要学会舍弃。很多痛苦的来源，就是因为心怀执念，不愿意放下。曾经有人说，人生最高的境界，就是既能拿得起，也能放得下，而且懂得在该拿得起的时候拿起，在该放得下的时候放下。人都是有欲望的，当欲望得不到控制，人就会变得越来越贪婪。现实生活中，人人都想得到各种各样的好东西，但是并不能随心所欲，由此一来，就会陷入痛苦的深渊无法自拔。如果知道人生所需要的东西是很简单的，每个人只需要一张床卧眠，只需要一日三餐吃饱，那么就能做到清心寡欲，得到精神上的满足。只有精神富足的人才能成为欲望的主宰，也才能取得最终的胜利。

最后，青少年要坚持学习，保持进步和成长的姿态。这样随着能力不断增长，青少年就可以更游刃有余地处理很多问题，既有成就感，也会充满自信。需要注意的是，学习是漫长的过程，有些青少年眼下的短期目标是考上重点初中、重点高中或者名牌大学，然而，学习永无止境，哪怕有朝一日从名牌大学毕业，为了适应时代的要求，也应该时刻保持学习的状态，坚持进取。古人云"学到老，活到老"，放在当今这个时代依然毫不落伍。作为青少年，要时刻牢记这个道理，坚持学习，坚持进步，改变可以改变的，接受不能改变的，从容地面对人生。

第四章
十年树木百年树人，以优秀品质奠定人生的基石

常言道，十年树木，百年树人。这句话告诉我们，培养人才是一项浩大工程，需要长期努力才能做到。之所以说百年树人，并非是说人成才需要经历百年，而是说优秀的品质德行，需要历经百年才能真正形成。由此可以看出道德品质是奠定人生的基石，青少年只有打牢人生的基础，具备高尚的品德，才能有更长远的发展。

常怀感恩之心

如今的青少年缺少感恩之心。每一个青少年都在父母的宠爱下成长，得到了长辈们无微不至的关爱，所以难免会形成以自我为中心的思想，不管思考什么问题都从自身的角度出发，很少为他人考虑和着想。这样的思维习惯，在青少年和家人相处时，有家人的关爱和照顾，并不会有太大的矛盾，而一旦走入社会，开始接触同学和老师，难免会产生各种摩擦。在解决人际矛盾和纠纷的过程中，青少年如果不能摆正心态，积极地处理问题，则会使人际关系紧张，也给自己增加很多烦恼。

其实，青少年与父母之间的关系，以及与其他人之间的关系，都属于人际关系的范畴。有些青少年从小就习惯了父母对他们付出，因而觉得父母不管做什么都是应该的，渐渐地，就会对父母缺乏感恩之心。在这种情况下，他们对于身边的人也会缺乏感恩之心。

何谓感恩呢？所谓感恩，就是在得到别人的帮助后，对别人表示感激，也力所能及地回报他人。拥有感恩之心的人，才能做到"滴水之恩，涌泉相报"，反之，没有感恩之心的人，哪怕从别人那里得到再多的帮助，也依然觉得不满足。如今，有很多青少年的人际关系紧张，就是因为只知道索取，而不知道感恩，更不知道回报。

每个人都不能独立地生活，而是需要得到他人的帮助。尤其是在现代社会，分工与合作越来越密切，一个人要想离群索居是根本不可能实现的事情，每个人都要依赖于他人提供帮助，才能更好地生存。青少年随着不断地成长，走出了家门，走入了社会，要和越来越多的人打交道，就更应该调整好心态，心怀感恩地与人相处。如果每个人都能心怀感恩，愿意付出更多以回报他人，那么人与人之间就会充满感恩，整个世界就会爱与温暖，变得更加美好。

佛家讲究因果轮回，认为任何因都会产生果，任何果也都事出有因。虽然我们信奉唯物主义，认为很多事情都是客观发生的，但是这并不能抹杀事情之间的因果关系。感恩，正是一种因果的循环。我们得到了他人的帮助，对他们心怀感恩，因而想方设法地回报他人，他人再来回报我们，人际关系就进入良性循环之中。反之，如果我们得到了他人的帮助，却抱怨他人对我们的帮助还不够多，因而对他们产生怨愤，那么他人就不愿意再帮助我们，由此人与人之间的怨愤生生不息，循环往复，人际关系也就陷入恶性循环之中。因而感恩之心带给我们的是美好的开始和未来，而不是以抱怨和憎恨作为人际关系的结束。

青少年正值发展人际关系的良好时期，一定要心怀感恩，学会与身边的人相处。首先，青少年要感恩父母。父母是生养我们的人，也是对我们无私付出的人。从呱呱坠地，父母就在为新生命忙碌操劳，尽己所能地为新生命提供有利于成长的一切条件。随着年龄的不断增长，青少年也许会与父母之间发生冲突，产生摩擦，那么要多体谅父母的用心良苦，真诚地与父母沟通，这样才能建立良好的人际关系。随着能力的不断提升，青少年还要尽量帮助父母分担家务，做力所能及的事情，给予父母关心和照顾。

其次，青少年要主动付出，给予永远比索取更好。西方国家有句谚语，"赠人玫瑰，手有余香"。要想建立感恩的良性循环，必然要有人首先付出，也就是抛出橄榄枝。青少年要做主动付出的人，不要担心自己的付出没有回报，因为最好的回报就是帮助他人得到的快乐。

最后，青少年要心怀宽容，多想想他人的好处，尽量做到以德报怨。很多青少年从小就在无忧无虑的环境中成长，不管有什么愿望都会在第一时间得到满足，这使他们很难承受拒绝和伤害。现实生活中，有些拒绝和伤害是难以避免的，要有一颗宽容的心，要在被他人伤害时多想想他人的好处，这样才能消除仇恨，坚持心怀感恩。

心怀感恩，不是为了别人，而是为了让自己拥有更美好的生活。一个心怀感恩的人，哪怕身处困厄也能感受到生活的美好，哪怕身处绝境也不会感到绝望。青少年更需要心怀感恩，才能热情地拥抱生活，才能成为真正的强者，拥有博大宽容的胸怀。

心怀宽容，远离仇恨

在这个世界上，最难揣测的是人心。人心，既善良又邪恶，既美好又丑陋，既真诚又虚伪，既充满了爱也充满了恨，既积极向上又消极悲观……正因如此，人们才会说人心莫测。然而，人心也有一个很明显的特点，那就是很主观。俗话说，善恶一念间，就告诉我们人心更多地取决于主观的偏向。举例而言，一个人原本沉浸在悲痛之中，当他发自内心地想要振奋精神时，他就会在很大程度上变得积极。反之，如果一个人对生活失去了希望，意志力全线崩塌，那么他就会活得浑浑噩噩，当身患疾病的时候就很难痊愈。由此可见，一个人内心的状态，很大程度上取决于他对生命的感悟和对人生的态度。

青少年要学会放下仇恨，宽容地对待身边的人。这是因为仇恨是一把双刃剑，不但会折磨他人，更会刺伤我们自己。在人类丰富的情感之中，仇恨就像是一种病毒，会不断地繁衍和蔓延，最终损害人类健康的情感，更会让人的心理受到严重的伤害。

近些年，青少年犯罪的事情时有发生。初高中校园里，霸凌现象并不罕见，其实，不仅仅被凌霸的青少年会在心理上受到伤害，那些欺凌他人的青少年，心理也已经呈现出病态。很多心理学家研究校园霸凌，就会同时关注欺凌和被欺凌的青少年。究其原因，青少年的心理问题与他们内心的仇恨密切相关。如果能够有效地消除内心的仇恨，青少年就能更加理性地思考很多问题，也能保持心平气和。当然，放下仇恨的前提是要学会宽容。

大力士赫格利斯是古希腊神话中的人物。他力大无穷，所向披靡，总是威风凛凛。没有人是他的对手，所以他根本找不到切磋的对象，常常感到孤独寂寞。

有一天，赫格利斯独自在山间行走，来到一条非常狭窄的羊肠小道上。他和往常一样趾高气扬地走着，突然打了一个趔趄，险些摔倒在地。他朝着脚下看了看，这才发现有一只皮囊躺在路上，正好把路挡住了。他很生气，狠狠地踢向皮囊，然而皮囊纹丝不动。赫格利斯恼火极了，想不明白这只皮囊为何非要拦住他的去路，因而又抬起脚来，狠狠地踢向皮囊。皮囊依然纹丝不动，从一开始有些气鼓鼓的，开始迅速膨胀，变得越来越大。赫格利斯气得从路边捡起一根木棒，接二连三地砸向皮囊，让他万万没想到的是，皮囊急速膨胀，居然堵塞了整个山道。赫格利斯累得上气不接下气，却对皮囊无计可施。

没过多久，一位智者走到赫格利斯的身后，赫格利斯对智者抱怨道："这个皮囊故意和我作对，简直太可恶了。路本来就这么窄，它把路都堵死了。"智者看到赫格利斯气急败坏的样子，微笑着说："朋友，你为什么要和'仇恨袋'过不去呢？人不应该自寻烦恼，更不应该始终生活在仇恨中。"果然，赫格利斯听从智者的建议，不再和"仇恨袋"过不去，渐渐地，"仇恨袋"也偃旗息鼓消了气。

一个人的心中如果始终装满了仇恨，就会堵塞自己的人生之路。其实，人人心中都有一个"仇恨袋"，是因为气愤把它充满，蒙蔽自己的心智，还是主动地消除气愤，让它变得瘪瘪的，不会影响我们的心情呢？不同的人有不同的选择，但是明智的人一定会选择后者。

人是情绪动物，每时每刻都会产生各种各样的情绪，一定要控制好自己的情绪，才能主宰自己。否则，任由情绪肆无忌惮地发展，就会被情绪奴役，导致情绪失控，也会产生毒素，损害身体健康。

在热带海洋里，紫斑鱼是霸王，它浑身都长满了毒刺，还常常用毒刺去攻击其他鱼类，因而其他鱼类看到紫斑鱼都避之不及。然而，紫斑鱼尽管有毒刺作为武器，在海里称王称霸，寿命却很短暂。生物学家经过研究发现，紫斑鱼本来是可以活七八年的，实际上却只能活两年多。这是为什么呢？原来，紫斑鱼的毒素就产生自愤怒。它越是怀着仇恨，毒性就越强，所以每当用毒刺去攻击其他鱼类时，紫斑鱼自身也会受到毒素的伤害。最终，它因为心中怒火燃烧而五脏俱焚，悲惨地死去。

看到这里，相信有很多青少年朋友都会非常同情紫斑鱼，不知道紫斑鱼为何要这么傻，杀敌一千，自损八百，最终难逃与敌人同归于尽的结局。这是因为紫斑鱼被仇恨驱使着，完全失去了理智。其实，现实生活中，有很多人也和紫斑鱼一样，常常无法控制自己的愤怒，导致怒气伤身，轻则心绪烦躁，心神不宁，重则损害身体，一命呜呼。例如，古时候周瑜就被诸葛亮气得吐血而亡，还发出了"既生瑜，何生亮"的感慨。如果周瑜能够正视自己的不足,也接受诸葛亮在某些方面比他表现更好,那么就能控制住自己的怒气,扬长避短地与诸葛亮展开博弈,最后谁胜谁负还说不定呢。

一个不懂得宽容的人,就会在心中种下仇恨的种子,就会怀着敌意对待身边的人,就会在仇恨之中与他人两败俱伤。青少年一定要让自己变得更加宽容,把仇恨从内心深处驱除出去。有人说,谨慎使人免于灾祸,宽容使人免于纠纷。这是因为怀着宽容之心待人,能够建立融洽的人际关系,与他人之间友好相处,其乐融融。

具体而言,青少年要做到以下几点。首先,学会换位思考。人与人之间之所以互相不理解,就是因为每个人都从自身主观的角度出发思考问题,而忽略了他人的所作所为也是有苦衷的。如果人人都能摆脱以自我为中心的错误思想方式,都尽量理解和体谅他人,人世间就会少一些误解、多一些理解,就会少一些摩擦、多一些和谐。其次,要懂得忍耐。很多青少年从小到大有任何愿望都会得到满足,渐渐地,他们越来越骄纵,很任性也很霸道。但是人生不如意十之八九,不管是谁,在人生历程中都会经历各种不愉快,与其一味地抱怨,迫不及待地争辩,还不如平心静气地面对现实,心平气和地与人沟通,能够更好地解决问题。最后,青少年要学会调节情绪,保持积极乐观的心态,也学会给自己找乐子。每个人的心中都应该有一把快乐的钥匙,用来打开心门,发自内心地保持坚强与乐观,才能避免被外界的环境影响情绪。归根结底,是否能放下仇恨,取决于每个人的内心,是想善待自己和他人,还是想苛责自己和他人。善待自己的人,不会用仇恨折磨自己,更不会让仇恨侵蚀自己。

尊重自己，尊重他人

一个人既要尊重自己，也要尊重他人。尊重自己与尊重他人并非两件孤立的事情，而是相互联系的。一个人只有自尊，才能得到他人的尊重；一个人只有尊重他人，才能尊重自己。

很多青少年不懂得尊重他人，做很多事情都以自我为中心，总是要求他人围着他转，满足他的一切需求。当自身需求得不到满足时，他们还会对他人言辞苛刻，毫不客气。

尊重他人，是一种美德。在这个世界上，每个人的生存都很艰难，不管对谁，青少年都要尊重。尤其是对于父母、老师、同学等朝夕相处的人，更是要满怀尊重。唯有如此，青少年才能赢得他人的尊重，也才能在相互尊重的过程中，与他人建立良好的人际关系。

除了要尊重他人，青少年还要尊重自己。对于个人的发展而言，自尊起到至关重要的作用。面对人生中的各种坎坷挫折和不期而至的意外，只有拥有自尊的人才能保持自强不息的姿态，兵来将挡，水来土掩，从容地面对。那些失去自尊或者自尊受到伤害的人，则很容易被挫败，遇到小小的困难就会放弃，甚至彻底陷入自暴自弃的糟糕状态中，导致人生发展遭遇瓶颈，失去驱动力，停滞不前。

大名鼎鼎的作家严文井，接连四次高考落榜，与大学失之交臂，他虽然受到打击，但是并没有放弃努力。他笔耕不辍，坚持写作。渐渐地，他成为作家，还被大学邀请去开办讲座。成才的道路有千千万万条，重要的是要相信自己，尊重自己，也绝不放弃自己。只要坚持努力，绝不自暴自弃，我们就总能在千千万万条路中找到属于自己的一条成功之路。

尊重，对于每个人都至关重要。人活着需要满足生理需求，更需要满足心理需求。很多人之所以对世界毫不眷恋，就是因为他们没有实现自身的价值，没有得到想要的尊重。

有一天，俄国作家屠格涅夫正在街道上散步，走着走着，遇到了一位乞丐。这位乞丐衣衫褴褛，神情疲惫，伸着手，迎面走向屠格涅夫。屠格涅夫并没有带吃的，也没有带钱，看着乞丐期盼的眼神，屠格涅夫摊开双手，愧疚地对乞丐说："兄弟，真的很抱歉，我身上什么都没带，我只是出来散步的。"屠格涅夫原本以为乞丐会大失所望，却没想到乞丐激动地抓住他的手，接连摇晃着："谢谢你，谢谢你救了我！"屠格涅夫根本不知道乞丐说的是什么意思，疑惑地说："救了你？我没有救你啊！"乞丐激动得热泪盈眶，说："原本我打定主意不想活下去了，不管走到哪里，人们都嫌弃我、厌恶我，我活着还有什么意思呢！但是你居然叫我兄弟，从来没有人叫我兄弟啊！我从现在开始有兄弟了，我觉得还应该活下去，活得值得你叫我一声兄弟！兄弟，谢谢你，谢谢你让我想继续活下去！"

哪怕是一贫如洗的乞丐，哪怕这个乞丐没有如愿以偿地要到一个面包或者其他吃的东西，他也依然渴望得到尊重。甚至对于他来说，得到尊重比要到面包或者钱更加重要，因为尊重能给他继续活下去的力量。

青少年一定要尊重自己，自强不息，哪怕面对困境也能坚持不懈地努力，突破困境，成就自我；青少年一定要尊重他人，这样才能在成长的道路上结交更多的朋友，也才能赢得朋友的尊重。马斯洛曾经对人的需求进行分层，其中人的基本生理需求位于需求的最低层次，而尊重与爱的需求则位于需求的最高层次。人们常说，只有满足了最低的需求层次，才需要满足更高的需求层次，其实不然。有的时候，人们需要同时满足最低需求层次和最高需求层次，才能更加有质量地活着。青少年如同初升的太阳，正值人生中美好的时光，要学会尊重他人，也赢得他人的尊重。

男孩子要拥有绅士风范,把妈妈当成女生对待

男孩子进入青春期之后身体发育很快,最明显的就是身高猛增,如同竹子拔节一样噌噌地往上长,很快就会长得比妈妈还高,甚至有可能超过爸爸呢!因此,很多青春期男孩的妈妈都感慨:转眼之间,孩子就长大了,我都要抬起头来仰视孩子了。有一个比自己高的儿子,是妈妈的骄傲,也是妈妈的自豪,偶尔还会变成妈妈的烦恼。这是为什么呢?青春期男孩虽然个子很高,实际上心理发育还不成熟。尤其是在进入初中之后,学业繁重,学习压力增大,妈妈对于孩子的学习要求会越来越高。在这种情况下,母子之间的矛盾渐多,相处也就没有那么融洽了。妈妈想要批评孩子,孩子却比妈妈高出半个头,给妈妈很大的心理压力。有的时候,妈妈明明很疲惫,孩子却依然凡事都依靠妈妈,妈妈未免感到生气。例如,从超市回来,妈妈左手右手都拎着很重的东西,孩子却两手空空跟在妈妈身边走,妈妈虽然很生气孩子没有眼力见,却不愿意主动求助于孩子。妈妈一声不吭地生孩子的气,孩子根本不知道自己哪里做错了,导致亲子关系紧张。

很多妈妈羡慕别人家的孩子懂道理,又勤快,而抱怨自己家的孩子不懂事,没有眼力见,不知道为妈妈分担家务。其实,妈妈是冤枉了孩子。如何才能培养出一个具有绅士风度的孩子呢?首先,妈妈要学会示弱,给

孩子机会帮助妈妈分担家务，展示自身的力量，从而培养孩子的主人翁意识。现实中，很多妈妈都特别强势，家里家外都是能手，把每件事情都做得非常好。看起来，这样的妈妈就像是全家的福星，而实际上却会娇惯孩子，使孩子什么都不会做，自然也就不可能成为绅士。其实，孩子随着不断成长，各方面能力都在增强，他们会做更多的事情，也愿意为妈妈分担家务。妈妈一定要学会向孩子示弱，例如一岁的孩子就可以帮助妈妈扔小垃圾，像纸团、牛奶盒子、孩子的尿不湿等。虽然这些都是小事情，但是只要孩子坚持去做，渐渐地，他们就会习惯于做更多的事情，也能做到眼中有活儿，主动帮助妈妈干活。

其次，妈妈可以适当表现出女性的柔弱，也给孩子机会表现出男性的强大。如今，有些男孩从小接受妈妈无微不至的照顾，也在无形中受到妈妈柔弱性格的影响，变得畏畏缩缩。培养孩子的男子汉气概，可以从很多小事着手。例如，当爸爸不在家的时候，妈妈可以对孩子说："小小男子汉，爸爸不在家，你可要保护我哦！"如果家里突然停电，只要孩子没有表现出害怕的样子，妈妈还可以适度依赖孩子，从而让孩子感受到他是妈妈的依靠，是很有力量的。每一个男性都天生有大男子主义，虽然过度大男子主义不好，但是适度大男子主义可以激发孩子勇敢的天性，让孩子内心强大。

最后，让孩子把妈妈当成女生对待。每一个男孩从出生开始面对的第一个女性就是妈妈。在孩子小时候，妈妈是孩子的保护神，总是竭尽全力照顾孩子。随着孩子不断成长，妈妈对孩子无微不至、面面俱到的照顾方式，应该改变。否则孩子一旦对妈妈形成依赖心理，就很难真正长大。妈妈要让孩子习惯于照顾妈妈，几岁的孩子就可以力所能及地照顾妈妈，更何况是已经进入青春期的男孩呢？重点在于，孩子需要养成照顾妈妈的好习惯。妈妈不要觉得孩子年纪小，就对孩子没有任何要求，很多良好的行为习惯都是从点点滴滴处着手，长期坚持才能养成的。

说起浩宇，很多女同学都竖起大拇指，原来，浩宇是一个特别有绅士风度的孩子。初一刚开学，同学们之间都还不太熟悉，放学时，浩宇看到班级里有个女孩拎不动书包，赶紧把自己的书包背在后背上，腾出手帮女同学拎书包到大门口。后来，女同学的妈妈在微信上感谢浩宇妈妈："书包那么重，浩宇就背着一个拎着一个，把我家丫头送到大门口，真是太感谢了！"浩宇妈妈说："没关系的，他在家经常帮我干活，拿个书包是小意思。"女同学的妈妈疑惑地问："浩宇都干什么活儿啊，我家丫头什么活儿都不会干。"浩宇妈妈说："女孩子要娇气一些，男孩子就要皮实一些。我家浩宇从小就帮我干活，一开始去超市，帮我拎点儿轻的东西，后来长得比我还高，只要爸爸不在家，家里的力气活就都是他来干，干得好着呢。他不让我干，说我是女生，需要照顾。"女同学的妈妈羡慕极了："家里有这样一个男孩可真好，真是个男子汉，都知道疼妈妈、照顾妈妈了。"浩宇妈妈开心地笑起来。

后来，浩宇在班级里也发扬绅士风度，不管班级里有什么活儿，他都主动去做，从来不叫苦，更不叫累。开学才一个月，班级里选举班干部，浩宇以全票当选班长。

很多家庭里都只有一个孩子，所以不管孩子是男孩还是女孩，父母都会特别宠爱孩子，什么都不舍得让孩子干，一点儿苦都不舍得让孩子吃。在家庭里，父母和长辈都会无微不至地照顾男孩，但是一旦走出家庭，男孩如果娇滴滴的，什么都不会做，什么都要靠着别人照顾，就会招人厌烦。在培养男孩时，妈妈要坚持原则，尽量给男孩更多的机会去历练，培养和提升男孩各个方面的能力，让男孩变得更坚强勇敢，真正具有绅士风度。

孩子的成长不是朝夕之间就能完成的，父母要有耐心对孩子进行引导和帮助，所谓"十年树木，百年树人"，就是因为对孩子的教育要以春雨润物细无声的方式进行。在大多数家庭里，妈妈都承担着教育孩子的重要责任，更是要在潜移默化中培养孩子的男子汉气概，让孩子就像真正的绅士那样，能够尽量为妈妈分担，也能在关键时刻为妈妈支撑起一片天。这样的孩子有朝一日走上社会，一定会处处受人欢迎，赢得他人的尊重和信赖。

不求最贵，只求最好

对于青少年，很多父母都忽视了金钱教育。尤其是在独生子女家庭里，父母往往竭尽全力地为孩子提供最好的物质条件，也会集中所有的财力为孩子提供最强有力的支持。更有些父母，虽然家庭经济条件不是很好，但是给孩子花钱却丝毫不心疼，会给孩子买各种名牌的衣服、玩具等，渐渐地使孩子养成了花钱毫无节制，更不懂得父母挣钱辛苦的坏习惯。这正是很多普通家庭甚至是贫苦家庭的孩子，非但不能早当家，反而会对父母索取更多，也不理解和体谅父母的辛苦的原因。

作为父母，爱孩子当然没有错，但是爱要讲究方式方法，要适度。曾经有位名人说，过度的骄纵和溺爱，是对孩子最大的伤害。这句话很有道理。父母对孩子最残忍的做法，就是在孩子成长的过程中无限度溺爱孩子，为孩子提供最好的一切，而等到孩子长大成人，需要独立面对社会、独立应对生活时，父母却年老体衰，不但无法继续为孩子提供一切，反而需要孩子照顾。这对于孩子而言是一个非常巨大的考验，很多被骄纵着长大的孩子都不能过关，被现实压垮，也感到万分无奈。

古人云："由俭入奢易，由奢入俭难。"每个人的欲望都是无止境的，越是在很容易就能得到想要的东西的情况下，欲望越是会快速膨胀。明智的父母会采取对孩子负责任的做法，从小就适度满足孩子的欲望，避免孩子对于金钱的无度索求。哪怕家里的经济条件很好，也不要让孩子挥金如土。毕竟人生的路还很漫长，而且父母不可能永远都年富力强，更不可能永远都为孩子提供最好的经济条件。与其让孩子由奢入俭倍感艰难，不如让孩子由俭入奢更加从容。俗话说，甘蔗没有两头甜，人生也是如此。一个孩子不管家境如何，最终都要靠着自己努力才能拥有美好幸福的人生。

　　暑假里，乐乐每天都去书法班练字。上午练习毛笔字，下午练习硬笔字，中午留在书法班吃饭。每天，妈妈给乐乐20元钱吃午饭，乐乐很节省，偶尔会选择吃凉皮和烧饼，还能节省下几元钱买冷饮。有几天，书法班的老师看到乐乐吃饭很少，担心乐乐吃不饱，因而建议乐乐："乐乐，你可以把你每天的午饭钱和我们伙在一起吃，这样可以多吃几个菜，品种更丰富，米饭也是不限量的。"乐乐边摇头边说："不用不用，我自己下楼去买，还可以活动活动筋骨呢，一直憋在写字楼里太闷了。"后来，书法老师联系乐乐妈妈："乐乐妈妈，乐乐每天中午可能吃不饱，我让他和我们一起吃，他拒绝了。我觉得，他是不是有些自卑，所以才不和我们一起吃饭呢？"乐乐妈妈很惊讶，说："应该没有吧，等我问问他真实的想法。"书法老师继续说："因为我每天中午带着一起吃饭的几个孩子里，有个孩子叫君昊，乐乐认识。这个孩子家里有钱，身上经常装着几百块钱，中午吃完饭，就会去楼下星巴克买咖啡等饮品来分给大家喝。我都说过这个孩子好几次了，一杯星巴克饮料那么贵，买几杯就是100多块钱，太浪费，他非不听。我担心乐乐是否因为这个孩子花钱大手大脚感到自卑，你可以问问他，毕竟青春期的孩子心思很细腻，也特别敏感。"乐乐妈妈恍然大悟道:"好的,好的。我们一直教育乐乐要节约,他应该不至于自卑,不过他是比较节省的。"

晚餐时分,妈妈佯装漫不经心地和乐乐聊天:"乐乐,我今天和你们的书法老师聊天,她说你们班有个同学叫君昊,经常偷偷下楼买星巴克饮料请一起吃午饭的老师和同学喝。"乐乐点点头,说:"是的,他经常身上装着好几百块钱。"妈妈问:"你想喝星巴克饮料吗?你会因为君昊喝星巴克饮料而感到自卑吗?"乐乐很惊讶:"我当然也想喝星巴克饮料,但是我觉得没必要经常喝啊。我和爸爸前段时间不是在星巴克买过一杯咖啡嘛,我们俩分着喝的,都尝过了。"妈妈有些担心地说:"那你会因此而自卑吗?"乐乐毫不迟疑地回答:"当然不会。我又不是喝不起星巴克饮料,我也可以买星巴克饮料,但是我觉得星巴克饮料那么贵,这不如买一瓶其他饮料喝呢。或者喝白开水,还更健康。天天喝星巴克饮料,不是烧包吗?浪费钱!"妈妈想了想,对乐乐说:"其实,天天喝星巴克饮料也没有错。不过,按照咱们家现在的经济水平,以及你作为学生的身份,还不能天天喝星巴克饮料。有些高级白领,或者金领,他们收入水平高,追求更高的生活品质,喝星巴克饮料丝毫没有经济负担,就像咱们买一瓶3元钱的饮料一样,所以喝星巴克饮料是无可指责的,知道吗?每个人的消费水平都不相同,只要消费符合自身的收入水平就可以。简单地说,一个穷人无须打肿脸充胖子买奢侈品牌,一个普通的工薪阶层没必要打肿脸充胖子每天喝星巴克饮料,但是如果年薪几十万或者上百万元,追求生活的品质,是可以喝的。妈妈也希望你好好学习,将来能成为高薪人士,靠着自己的劳动过更好的生活,明白吗?人,不能因为贫穷而自卑,也不能仇富。现在这个阶段,咱们只要保证均衡营养的饮食,就非常好。"乐乐点点头说:

"嗯嗯，放心吧，妈妈，我会努力的！"

如今，很多青少年盲目追求名牌，看到同学穿着名牌的衣服鞋袜，他们马上也想买；看到同学用苹果手机，他们也恨不得马上拥有苹果手机；看到同学吃香的喝辣的，他们就抱怨父母不能给他们提供更好的条件。正如事例中妈妈教育乐乐所说的，每个人的消费水平都应该符合自身的收入水平，而作为学生，还没有能力赚钱，不管家里经济条件如何，都应该勤俭节约，吃饱穿暖即可，要把更多的时间和精力用于刻苦学习，提升自我。

当然，青少年的确非常敏感，而且自尊心很强。父母在教育孩子勤俭节约的时候要把握好合适的度，不要刻意让孩子过得过于艰苦。在家庭条件允许的情况下，不要让孩子穿太过破旧的衣服，尤其是不要让孩子穿打补丁的衣服，毕竟现在社会整体经济水平提高，已经很少有孩子穿打补丁的衣服了。此外，在学校收取各种费用的时候，父母不要当着孩子的面说家里没有钱，也尽量不要拖延缴费，否则会让孩子在同学们面前感到自卑。父母要为孩子提供适当的经济和物质条件，这样既能培养孩子勤俭节约的好习惯，也能避免孩子感到自卑，从而保证孩子身心健康地成长。最后，在日常生活中，父母在购买各种产品的时候，可以带着孩子一起挑选，尤其是在购买大件产品的时候，还可以让孩子发表意见。在此过程中，父母可以向孩子灌输一种购物观点，即"只买对的，不买贵的"，从而让孩子知道性价比这个概念，也学会把性价比作为挑选产品的一个重要标准。所谓性价比，就是既要求产品品质好，也要求产品价格适中。很多人为了省钱，盲目地追求低价，导致买了劣质产品，使用寿命很短，甚至危及使用者的安全和健康。也有人盲目追求贵，认为贵的就是好的。其实不然。只有追求性价比，才是正确的购物方式，因为只要能够保证性价比高，就可以保证产品在质量过关的情况下价格是很适中的。当孩子掌握了"只买对的，不买贵的"的消费原则，就能够树立正确的消费观，也对于金钱有更深刻的认知和更好的掌控。

不逃避，勇敢承担责任

每个人生来就肩负着责任，随着年龄的不断增长，责任也变得越来越大，越来越重。所谓责任，就是一个人该做的分内之事，责任产生于我们在家庭生活中扮演的角色，在社会生活中应该完成的工作，以及对于他人做出的承诺，出于法律规范和道德约束应该完成的事情等。一个人如果没有责任心，就无法把自己该做的事情做好，这会导致各种严重的后果。

那么，青少年承担着哪些责任呢？首先，青少年承担着对家庭的责任。在家庭生活中，青少年往往得到父母和长辈无微不至的照顾，渐渐地，就对接受他人的照顾习以为常了，也觉得他人的付出都是理所应当的。其实，这样的想法大错特错。在这个世界上，没有谁必须为谁付出，反而是每个人都应该承担起自己的责任。所以父母要从小就培养青少年的责任心，这样青少年才能更加坚强勇敢，尤其是在面对生活中的各种不如意时，他们才不会第一时间就想到退缩和逃避。

具体来说，家庭的责任包括为父母分担家务，做力所能及的事情，也包括在家庭遇到重大事情时，要积极地发表意见，贡献自己的一份力量。有些时候，父母并不是坚不可摧的，也不是无所不能的，青少年要给予父母必要的支持，切勿在家里有事情的时候做局外人，漠不关心。

张伟刚刚读初一，还没有完全适应初中生活，姥爷就查出来患有食道癌，需要动手术。妈妈是独生女，必须去医院照顾姥爷，但是她又不放心张伟和爸爸，因此很犹豫。原本，妈妈想让姥姥来家里给张伟和爸爸做饭，但是姥姥怎么能离开姥爷呢？思来想去，妈妈问张伟："小伟，姥爷要做手术，姥姥坚持要在医院陪着姥爷，我也得去医院照顾他们俩，你能和爸爸在家吗？"张伟很犹豫："但是，谁给我做饭呢？爸爸只会煮方便面。"妈妈说："医院距离咱家太远了，来回要3个小时，我赶不回来给你们做饭。你和爸爸可以吃方便面，也可以点外卖，或者爸爸有时间，还能尝试着给你做饭。"张伟忧心忡忡，不说话。妈妈说："小伟，妈妈是姥姥姥爷的女儿，在这种时刻必须陪伴在他们的身边。幸好你也长大了，可以自己照顾自己了，况且还有爸爸呢。"张伟这才点点头。

晚上，妈妈和爸爸商量着手术费的事情。截至目前，家里只凑够了10万元钱，而手术费需要15万元左右，这还不算后期的化疗等治疗费用，妈妈发愁地叹息着。张伟拿出自己的存折给妈妈，说："妈妈，我这里还有12000元，是这些年的压岁钱。你拿去给姥爷做手术吧。"妈妈热泪盈眶，说："好孩子，我替姥姥姥爷谢谢你。"张伟也哭了起来，说："我从小就是姥姥姥爷带大的。要是我现在能上班挣钱就好了，我会把所有的钱都拿出来给姥爷看病。你放心，妈妈，我和爸爸在家就吃挂面，我会煮挂面。我们不吃外卖，也能省下一些钱。"听着张伟的话，妈妈抚摸着张伟的头说："好孩子，不能天天吃挂面，现在是非常时期，我们全家人都要保证营养，身体健康，这样才能照顾好姥爷。妈妈会为你们准备一些速食食品放在家里，也会买一些鸡蛋等好存放的东西。孩子，这就是责任。每一个父母都要抚养后代，等到后代长大，再抚养自己的后代，也要赡养父母，知道吗？"张伟点着头说："嗯嗯，妈妈，等你和爸爸老了，我也会好好照顾你们的。"

很多家庭里都会遇到突发事件，这个时候正是对孩子进行教育的好时机。有些父母不愿意把家里的事情告诉孩子，当然，如果孩子很小，的确不必引起孩子的恐慌。但是如果孩子已经长大了，进入青春期，那么是时候让孩子承担起家庭的责任了。事例中，妈妈的做法就很好，她没有拒绝张伟的心意，其实也是在给张伟一个机会回报姥姥姥爷，更让张伟切身感受到在危急时刻，全家人就应该齐心协力，共同战胜困难。

其次，青少年承担着对于社会的责任。也许有些青少年会觉得自己还很小，无法为社会做出贡献。这是对责任的误解，每个人都可以为社会贡献出一份力量，只要量力而行、尽力而为即可。例如，青少年可以利用周末休息的时候去福利院里为那些孤儿或者老人送去温暖和关怀，还可以给他们表演节目，为他们带去快乐。当国家遭遇灾难的时候，青少年虽然没有很多钱，但是却可以捐献出自己的压岁钱、零花钱，为国家献出微薄之力。

最后，青少年也承担着学习的重任。只有现在努力学习，将来青少年才能成为国家的栋梁之材，才能为国家奉献出自己的力量。如果现在不能全心全意地学习，将来甚至连自己都无法养活，又谈何感恩父母、回报社会、报效祖国呢？当然，父母要想培养青少年的责任心，就要从当下的点点滴滴开始做起，帮助青少年养成主动承担责任的好习惯。

责任，是一个人立足于社会的脊梁，也是一个人自身价值的体现。

每个人，不仅仅要对自己负责，要对自己的家庭负责，也要对自己的祖国负责。责任，就是不需要任何人去提醒，你就会主动自发地做到最好，哪怕条件很艰苦，你也会想方设法地做得圆满。责任，是不可推卸的爱，是主动付出的爱，是每一个人站立在世界上的脊梁！青少年一定要有责任心，现在努力学习，将来学有所成，才能报效祖国，也才能在祖国需要的时候尽心尽力。

诚实是可贵的品质

儒家学说的创始人孔子曾说过,人无信不立。信,就是诚信,人存活于世是以诚实为基础的。大文豪高尔基很看重诚实的品质,他曾说,一个人只有坚持走在正直诚实的道路上,才能最终收获问心无愧的人生。在生命的历程中,总有阳光不能到达的阴暗角落,而诚实则是驱散阴暗的光芒,既能够照亮人的内心,也能够驱散人生的阴霾。有诚实在的地方,欺骗和狡诈就无处躲藏。诚实,还是人与人沟通的媒介,只有在诚实的前提下,人们才会打开心扉,坦诚相见,说出隐藏在内心深处的真心话。

那么,何为诚实呢?如果把诚实阐述得过于高大上,就会让人望而生畏。我们不妨以直白的语言来阐述诚实,这样青少年才能真正理解诚实的含义,真正领悟到在现实生活中要如何做,才能保持诚实的品质,赢得他人的尊重与信任。

首先,诚实的人都有一颗真心,不会虚伪矫饰,不会夸大其词。现实生活中,总有些人为了维护所谓的面子,不愿意以真实面目示人,而是会假装自己生活得很好,与人沟通的时候,也常常会刻意炫耀。长此以往,他们必然换来他人的虚假对待。真正诚实的人,敢于面对真相,也不怕对着他人暴露自己的短处和不足。

2002年初夏，举世闻名的物理学家丁肇中先生接受了一位记者的采访。

记者问："很多人都认为，您具有远见卓识，所以才能在人生的每一个阶段都做出正确的选择。为此，大家都感到很困惑，不知道您是如何做到的。"

丁肇中答："其实，每一次做出选择之前，我并不知道结果将会如何。现在来看，我应该是侥幸做出了正确的选择。"

听到丁肇中的回答，记者惊讶地追问："侥幸的正确率能达到这么高吗？"

虽然记者的提问带有很强的引导性，丁肇中还是回答："就是侥幸，因为我在选择的时候并没有预见结果。"

记者继续追问："很多人对于自己曾经的选择都会感到后悔，您是如何做到无怨无悔的呢？"

丁肇中笑着说："我无法回答这个问题，因为迄今为止，我还没有后悔过，所以我不知道。"

面对坚持说真话的丁肇中，记者无奈地问："您是大名鼎鼎的物理学家，是人人敬仰的科学家，很多人都认为您一定无所不知，但是经过这番交谈，我却发现您最喜欢说'不知道'。"

面对记者的质疑，丁肇中斩钉截铁地回答："是的，我的确不知道。不知道就是不知道，只有真的知道，才能说是知道。"

伟大的物理学家丁肇中先生，在全世界都享有很高的声誉，面对记者的提问，他却坦诚地以"不知道"回答，不曾担心因此影响自己的公众形象。恰恰相反，他始终坚持科学的严谨精神，哪怕只是回答一个简单的问题，也很认真，很真诚。也许正因如此，丁肇中才能在物理学领域取得如此伟大的成就吧，因为科学的原则就是求真务实。

青少年在日常的生活中，也要向丁肇中先生学习，本着实事求是的精神对待每一件事情。尤其是在学习的过程中，如果有不会的问题一定要向老师求教，也可以请教同学，切勿不懂装懂，否则就是对自己的不诚实，必然会导致自己在学习上遇到重重困境，积重难返。

其次，诚实的人要信守诺言，一诺千金。说起诚实，很多人第一时间就会想到不能撒谎。的确，不撒谎是诚实的最基本要求，但是偏偏有很多人都不能避免撒谎。曾经有心理学家经过研究发现，大多数人每天都会撒谎若干次。看到这里，大家一定会感到困惑：既然如此，为何很多人都自称从不撒谎呢？也许在自称从不撒谎的人中，的确有极少数人真的从不撒谎，但是却有相当一部分并非不撒谎，而只是没有意识到自己在撒谎而已。当撒谎成为常态，撒谎者就会对谎言失去辨识力，而觉得谎言的存在是正当的。想一想，你是否也在无意间撒过谎呢？

当能够做到不撒谎，接下来就要做到信守承诺，一诺千金。对于诺言，有人看得很重，总是想方设法兑现承诺，而有人却看得很轻，对于自己说过的话转眼之间就忘记了。父母要想培养青少年信守承诺的品质，就要兑现对青少年的承诺，而不要总是哄骗孩子。父母必须以身示范，才能教育孩子一诺千金。

再次，诚实的人要直面自己的错误，不逃避责任，不推诿过错。人的本能就是趋利避害，一旦发现自己犯了错误，或者闯祸了，他们马上就会推卸责任、推诿过错，只为了逃避惩罚，或者避免承担责任。这样的做法是很糟糕的。俗话说"路遥知马力，日久见人心"，推卸责任者一次两次也许能够逃避惩罚，但是日久天长，必然失去他人的信任，使自己在社会交往中举步维艰。所以真正诚实的人明知道自己在承认错误之后必须付出代价，他们依然义无反顾地承认错误，甚至还会主动承担责任。看起来他们在短期内会遭遇损失，但是随着时间的流逝，他们以诚实赢得了他人的信任和尊重，未来再和他人相处或者合作，一定会更加顺利。青少年也要把目光看得长远一些，与其为了逃避责任而故意推诿错误，不如积极主动地承认错误，承担责任。

最后，诚实的人即使面对利益诱惑，也依然坚持原则。诚实的人是不为利益所动的人，哪怕面对巨大的利益诱惑，他们也能够坚持自己做人做事的原则和底线。有些时候，为了坚持原则，他们甚至要付出代价，但是他们无怨无悔。

青少年一定要做诚实的人，不撒谎，信守诺言，坚持做人的原则和底线，不管面对怎样的利益诱惑，都能坦然面对自己的内心，做好自己该做的事情。诚实的青少年在成长之后，不管在什么岗位上工作，都能肩负起自己的责任，也必将成为祖国的栋梁之材！

百善孝为先

2000多年以前，孩子们进入课堂学习的第一课就是"首孝悌，次谨信，泛爱众，而亲仁，有余力，则学文"。为何一定要先教会孩子们《弟子规》呢？是因为春秋时期的儒家文化认为，一个人必须先学会孝道，才能学习文化，否则孝道不足的话，文凭越高，对社会的危害也就越大。

教育的"教"字是一个孝心的孝，加上一个文化的文。孝道文化的传承才谓之教啊！百善孝为先。今天的"育"字通古代说文解字中的毓，是每天的每加一个流血的流去掉三点水。每天的"每"又怎么写呢？上面一个人，下面一个母亲的母。一个人——我们的母亲，流着鲜血把我们带到了人世间并抚养长大，为之育也，所以"教""育"合二为一，哪一个字都离不开孝道的孝。遗憾的是，现实生活中，很多人都没有了孝道，既不尊重父母，也不尊重长辈。

"人"字很简单，一撇一捺，所以很小的孩子就能学会写"人"字。然而，要想做人，离不开"能力和德行"，能力和德行就是"人"字的一撇一捺，其中德行就是捺，是人的支撑。如果没有德行，根本构不成人。孝道，正位于德行之首。一个缺乏孝道的人，就彻底失了德行；一个不孝敬父母的人，怎么可能与他人友好相处呢？

在湖北，一个小女孩因为爸妈离婚了，被法院判给了爸爸。妈妈走了，爸爸在外地工作，小女孩就和奶奶相依为命。她看到别人都有爸爸妈妈，觉得自己活着没有意义，趁着奶奶出门时打开了家里的煤气罐。农村的灶台里烧着木炭，很快就引起了爆炸。村民们闻讯赶来，把小女孩送到医院抢救。小女孩奄奄一息，全身70%的皮肤都被烧成重伤。

小女孩的爸爸妈妈得知这个消息痛不欲生，心都碎了。医生告诉小女孩的爸爸妈妈，植皮还有一线希望，因此他们争着为孩子植皮。经过化验，医生认为妈妈的皮肤在小女孩身上的存活率更高。医生要取下妈妈大腿内侧最嫩的皮肤，移植给小女孩。医生对小女孩的妈妈说："如果打麻药，就会影响手术的效果；但是如果不打麻药，剧烈的疼痛难以忍受，你会昏死过去，也会影响手术的效果。"医生给了小女孩的妈妈半个小时思考，她却毫不犹豫地说："医生，我不打麻药，你快点儿割吧！如果我昏死过去，你就叫醒我，实在不行就给我泼冰水，我要救我的女儿。"就这样，小女孩的妈妈咬着一块毛巾，医生开始了手术。医生从妈妈的大腿内侧割下一块一块鲜嫩的皮肤，小心翼翼地贴在小女孩烧焦的脸上。小女孩的妈妈疼得浑身颤抖，始终咬紧牙关一声没吭。这场手术整整进行了5个小时，小女孩的妈妈疼得昏死过好几次，一直坚持到手术结束。

在古代，上例中妈妈的经历是一种酷刑，叫凌迟，意思就是在人清醒的状态下，从人的身上割肉。妈妈爱孩子之心切，为了让孩子手术的效果更好，情愿不打麻药。反过来，如果妈妈严重烧伤，孩子能为妈妈忍受这样的痛苦吗？正因如此，才有人说，孩子对父母的回报甚至不如父母之爱的十分之一。

现实生活中，很多青少年都不知道父母的辛苦，不曾对父母感恩，更别说回报父母了。有些青少年因为家庭经济条件很差,还会抱怨父母没有挣更多的钱,为他们提供优越的物质条件。还有些青少年因为和父母怄气,动辄和父母争吵,甚至离家出走,让父母为此焦急担忧,伤心垂泪。

大多数孩子小时候都能与父母友好相处,进入青春期之后却和父母针锋相对,根本原因在于他们觉得父母知道得太少,为此瞧不起父母,又觉得父母不够时尚,不愿意与父母沟通。殊不知,父母正是因为吃了没文化的亏,才会不辞辛苦地赚钱供养孩子上学;父母正是因为不够时尚,才希望孩子将来可以走到时尚的前沿,不会因此被人嫌弃。青少年步入学校才学了没多少知识,就开始对父母嗤之以鼻了,可曾知道这会让父母多么伤心和寒心呢!

很多青少年都喜欢过生日,每年都盼望着过生日。每到生日的时候,他们或者一掷千金请同学吃饭,或者请同学出去玩,往往要在外面疯玩一天,直到夜深了才回家。却不知道在家里,妈妈正亮着灯等他们回家呢。有谁能想到自己的生日就是妈妈的受难日,又有谁想到在生日这一天要多陪陪妈妈,亲手给妈妈做一顿可口的饭菜呢?乌鸦反哺,小羊跪乳,作为人类的孩子,更应该感念亲恩,奉行孝道。等到下一个生日,青少年应该给妈妈一个热情的拥抱,发自内心地对妈妈说一声:"妈妈,你辛苦了。妈妈,我爱你。"

除了孝敬妈妈,也不要忘记孝敬爸爸。父爱如山,无言却深沉。在整个家庭里,爸爸往往承担着养家糊口的重任,每天都要辛苦地工作,没有太多的时间陪伴孩子。但是,青少年要知道爸爸的辛苦,也要对爸爸说一声:"爸爸,你养我小,我养你老。"如今,很多新的观念认为孩子要有孩子的生活,父母老了也要有父母的生活,其实,不管观念如何更新和改变,最传统的孝道都不能改变。这是中华民族传承几千年的精神与文化,更是为人立世的根本。

现代社会的风气不好，很多年轻人找出各种借口不愿意赡养老人，或者说自己也要养孩子，生存压力很大，自顾不暇，或者说自己忙于工作，等到事业有成，再给父母颐养天年。树欲静而风不止，子欲养而亲不待，切勿等到一切都有了，父母却不在了。如果只是找借口不想孝敬父母，那么不妨想一想，在你小时候，父母可曾因为工作太累不愿意承担养育你的责任？作为父母，要给孩子做好榜样，当着孩子的面言传身教地赡养孩子的爷爷奶奶、姥姥姥爷，才是对孩子最好的孝道教育。要记住，孝道是世代传承的，需要一代一代人如同传递接力棒一般传下去。

感恩老师

在实现梦想的路上,很多青少年都会感到彷徨,这是因为随着年龄的不断增长,他们从相信变得怀疑,他们不但怀疑自己,也开始怀疑父母,尤其是怀疑老师。细心的父母会发现,孩子在小学阶段向师性是很强的,他们不管什么事情都很相信老师,甚至还要求父母也要相信老师。但是自从进入青春期,青少年对于老师就不那么信任了。他们常常觉得老师说的是错的,也因此而对老师不再恭敬,反而带着怀疑和批判去质疑老师,也有些孩子公然不尊重老师。其实,孩子有质疑的精神是好的,但是不尊重老师却是错的。人非圣贤,孰能无过,老师哪怕犯了错误,孩子也要尊重老师,这是作为学生的本分。在这个方面,父母要做好孩子的榜样,坚持尊师重教,这样才能培养孩子的尊师之心。

青少年对于老师的感情很复杂。在街上偶遇老师,他们不会再像小学阶段那样热情地向老师问好,反而会故意躲开老师。如果与老师迎面撞上,他们就勉为其难地与老师打招呼。也有些青少年因为学习任务繁重迁怒于老师,觉得老师太坏了,每天都布置那么多作业。

人生说长也长,说短也短。每个人都要花至少十几年的时间在校学习,和老师朝夕相处。还记得读书时,作业本的背面往往会有四个字:师恩难忘。古人也曾说过,一日为师,一生为父。如果说世界上有人和父母一样真心盼着你好,那么这个人一定是老师;如果说世界上有人能够把自己的孩子放在家里,尽心尽力地教你,这个人也一定是老师。每天白天,老师陪伴在你们的身边,每天晚上,老师还要坐在灯下辛苦地备课。尤其是初高中的老师,因为升学压力大,教学任务繁重,更是废寝忘食地备课、批改作业,偶尔还要抽出时间来和学生们谈心,做学生们的思想工作。老师,是孩子们的领路人,理应得到孩子们的尊重,也该得到家长们的感谢。如果一个社会中老师的地位很低,那么就意味着传道授业解惑的环节断裂,也就意味着社会的退步和落后。

在四川省大凉山偏远贫困的山区里,有这样一位女教师,她叫李静,是上海师范学院毕业的,申请到大凉山实习。李静来到大凉山,亲眼看到这里的贫穷落后,看到山里的农民渴求知识的目光,看到孩子们渴望学习的愿望。实习期结束后,李静留下了。她想,年轻人就是要为祖国的建设做点贡献。

然而,没过多久,她和此前所有离开的老师一样,忍耐不下去了。大凉山的条件实在太艰苦了,连课桌都是用几个小小的木板搭建起来的。每当过年过节,她就会流泪,想念着上海街道上繁华的霓虹灯,想念着自己的妈妈,想念着自己的同学和朋友。思来想去,李静终于决定离开了。她没有告诉任何人,悄悄地收拾好行囊,起了一个大早,爬上了茫茫大山。她要去县城火车站,她要离开她的学校和同学们,她要回到上海,她的家就在上海。

天刚蒙蒙亮,李静爬到最高的山顶时,突然听到身后传来了孩子们的喊声:"老师,请你留下来!老师,我们需要你!老师,你不要走啊!"所有李静教过的孩子都打着赤脚跑到山上来,紧紧地跟着她,齐刷刷地跪在她的身后。孩子们齐声背着李静教的歌谣："离离原上草，一岁一枯荣。野火烧不尽，春风吹又生。"李静感动地说："孩子们，咱们回去上课。"李静再次选择了留下。她在大山里一干就是十几年，成了全国优秀教师，在北京人民大会堂得到时任教育部部长亲自颁发的优秀教师证书。

然而，就是这样一位可爱的老师，却遭遇了不幸。在38岁那年，李静查出患了癌症。她住进了医院，同学们都来捐款。他们拿来了家里的一元两元、一毛两毛。虽然钱不多，但这已经是他们能拿出来的所有钱了。李静说服了校长、老师、同学，又一次回到了她执教的学校和班级，给同学们上了最后一课：《为中华之崛起而读书》。

现实中，有多少老师带病上课，"轻伤不下火线"；有多少老师顾不上管自己的孩子，却全心全意扑在三尺讲台上。父母一定要教育孩子们感恩老师，尊敬老师，回报老师。

作为父母，一定要知道，孩子们的为人处世和人品是由学校和家庭共同塑造的。初中三年和高中三年，孩子们正处于青春期，父母一定要与老师站在统一战线上，一起教育好孩子。很多父母并不能理解老师的辛苦，也不能感恩老师的苦心，总是教唆孩子不要害怕老师，不要尊敬老师。殊不知，这么做最终只会害了孩子，因为一个不懂得感恩和尊重老师的孩子，是不可能成才的。

人们常说，孩子是祖国的花朵，是民族的希望，那么，老师是孩子的领路人，是孩子的引领者，更是培育孩子成才的园丁。在危急的时刻，老师还会舍弃自己的生命，保护孩子。佳木斯的张丽莉老师为了救学生，导致自己高位截瘫；江苏的殷雪梅老师以身挡车，用生命保护学生；2007年5月12日，四川汶川地震，谭千秋老师在教学楼即将坍塌的瞬间，抢夺了宝贵的几秒，让离他最近的四个同学藏在课桌下面，然后自己张开双臂，弓着身体，趴在课桌上纹丝不动，在地动山摇中定格为永恒。

　　古今中外，每一个人的成长都离不开老师的指引，更离不开老师的谆谆教诲。青少年朋友们一定要发自内心地尊重老师，感恩老师，在老师的指引下，坚持学习，不断进步和成长。

第五章
爱自己爱生活，余生有限不负余年

　　青少年要积极乐观地成长，内心一定要充满爱，既爱自己，也爱生活，还能怀着博爱对待世界。每个新生命从呱呱坠地就开始向死而生，每个人的生命注定是有限的，活一天就少一天，青少年即使青春正好，风华正茂，也要珍惜生命，不负余年。

生活需要仪式感

现代社会，生活的节奏越来越快，生存的压力越来越大，父母作为成年人肩负着养家糊口的重任，常常如同旋转的陀螺一样不停地忙碌着。他们切身感受到生存的艰难，也为了孩子更加奋力地拼搏。为了工作，为了赚钱，父母们似乎每天都在忙，无形中就忽略了孩子。孩子过生日，父母在忙碌；孩子开学典礼，父母在出差；孩子人生中第一次登上舞台，父母在看店……渐渐地，父母虽然全心全意为了孩子，却也在一些重要的时间点忽略了孩子。如果父母不曾给生活仪式感，那么孩子就更会缺乏仪式感，这甚至会影响孩子未来的人生如何度过。

归根结底，生活是需要仪式感的。所谓仪式感，是人们表达内心情感的一种最为直接的方式。仪式与各种法定节日的盛大隆重不同，它是人们主动创造的或者盛大或者婉约或者精致的一种方式。例如，孩子过生日，父母精心准备了蛋糕，还为孩子邀请了几个要好的同学，举办了小型聚会，这就是一种仪式；再如，父母每到结婚纪念日，就会相互赠送礼物，还会拥抱和亲吻，这也是一种仪式。生活中，不追求仪式感的人往往把一切简化，而有仪式感的人则可以对很多事情都举行仪式。仪式并没有具体的限制，规模可大可小，侧重点也可以有所不同，有些仪式追求排场，有些仪式则追求内在的精神和感情。要想提升生活的品质，让内心有更为丰富的情感，仪式是不可或缺的。

傍晚放学，雪怡兴冲冲地回到家里，神秘兮兮地告诉妈妈："妈妈，今天晚上我们要做一项特殊的作业，是和您有关的。"妈妈很惊讶："哦？难道又要写一篇题为《我的妈妈》的作文吗？"雪怡笑着说："当然不是，这种老掉牙的作文题目，是小学生才写的。我们已经上初中了。"妈妈当即纠正雪怡的错误："朱自清那么伟大的散文家，还写了父亲的背影呢！难道初中生写妈妈就很掉架吗？"雪怡抱着妈妈的胳膊笑着说："当然不是。不过，这项作业很特殊，我觉得您肯定猜不到。要不，我再给您三次机会猜一猜？"妈妈嗔怪道："好啦，鬼精灵，有你这个主考官，我永远也猜不中，你还是赶紧把答案告诉我吧，我好专心做你爱吃的糖醋排骨。"听说有糖醋排骨，雪怡再也绷不住了，马上说："有排骨，这可太好了！那我就勉为其难地现在告诉您吧，今天的作业就是给妈妈洗脚。"说完，雪怡就开心地去写作业了。妈妈在厨房里继续忙活着做糖醋排骨，还嘀咕着："学校可真是花样百出，还让孩子给妈妈洗脚，孩子不让妈妈帮她洗脚就已经谢天谢地了！"妈妈还想起了以前给雪怡洗澡的情形，不由得感慨孩子一眨眼就长大了。

吃完晚饭，妈妈正准备刷碗呢，雪怡端来一盆温热的水，又把妈妈拽来坐在沙发上。妈妈有些不好意思地说："哎呀，你就别给我洗脚啦，就告诉老师已经洗过了。"雪怡说："那怎么行呢，老师让我们一定要亲自给妈妈洗脚，还要写作文呢！"说着，雪怡已经帮助妈妈脱掉了袜子，把妈妈的脚放在洗脚盆里。她这是第一次仔细观察妈妈的脚，当看到妈妈脚后跟厚厚的老茧时，她忍不住惊呼："妈妈，你的脚后跟上怎么有这么多老皮啊，都开裂了，疼不疼？这是怎么弄的？"妈妈说："当初生你的时候，没有人帮忙带，我就没坐月子，每天还是照常洗衣做饭，给你洗尿布。因为总是站着，脚就伤了。"雪怡的眼睛里涌出泪水，感动地说："妈妈，你受苦了。"雪怡不再感到轻松，而是温柔地抚摸着妈妈的脚后跟，眼泪吧嗒吧嗒地滴入洗脚盆里。她一边帮妈妈洗脚，一边听妈妈讲起过去的事情。洗脚过后，雪怡深情地对妈妈说："妈妈，以后我再也不惹你生气了，难怪老师坚决让我们亲手为妈妈洗脚呢，原来妈妈的脚上有这么多的故事。"

说起让孩子给妈妈洗脚，别说孩子们抵触，就连很多妈妈都觉得没必要，因为她们最大的心愿就是孩子快快长大，不再需要她们操心。也有些妈妈觉得这就是走过场，即便孩子为妈妈洗脚了，也不能马上就长大。妈妈们这些消极的想法都是错误的，如果说青少年的生活中也需要仪式感，那么给妈妈洗脚对于他们而言就是一种仪式。虽然这个仪式没有庞大的阵势，也没有感人的发言，更没有观众，但是在给妈妈洗脚的过程中，听妈妈诉说以前的故事，孩子们的心灵会受到洗涤，他们对妈妈的了解会更多，与妈妈的感情也会更加深厚。在此过程中，妈妈还可以培养孩子们的感恩之心，让孩子们感恩妈妈的养育之恩。

生活是需要仪式感的。很多深埋在心底里的感情，因为有了仪式，才有了表达的渠道，也才有了抒发的机会。中国人向来都很内敛，不好意思把亲情、爱情、友情等浓烈的感情表达出来，这一点要向热情奔放的西方人学习。如果作为父母每天早晨去上班的时候都能彼此亲吻，晚上下班回家都能热情拥抱，那么夫妻间的矛盾和摩擦就会减少很多；亲子之间如果每天晚上都能互道晚安，父母还能给孩子讲一个亲子故事，或者在晚餐时分聊一聊学校里开心的事情，那么亲子沟通就会更加顺畅，亲子感情也会更加深厚；每当孩子生日的时候，父母要认真给孩子过生日，也要让孩子知道他的生日就是母亲的受难日，还可以让孩子给妈妈送一个礼物，坚持这样去做，孩子们怎能不感恩父母呢？仪式感绝不仅仅是一种形式，而是一种内在情感的表达，能够创造合适的时机和情境，把人们隐藏在内心深处的感情激发出来，得到最恰如其分的表达。隆重的仪式感还能让人们的内心感到更加庄严肃穆，对于正在进行的事情也有了更深刻的理解和更好的诠释。

在家庭生活中，父母要注重仪式，让家庭生活更加丰富多彩，也以仪式让孩子对很多事情留下深刻的印象；当孩子长大了，进入青春期，接触的人越来越多，与同学们的相处也更加密切，父母还要支持孩子讲究仪式感。同样的日子，有仪式感的人过得有滋有味，没有仪式感的人过得如同嚼蜡。打个比方来说，每个人都是厨师，日子就是相同的食材。厨艺精湛的厨师通过烹饪，会把普通的食材做得色香味俱全；而没有厨艺的厨师，即使有新鲜的食材也做不出美味的大餐。虽然人应该怀着朴素的思想面对人生，但是必要的形式和仪式，却能让生活锦上添花，这是生活必需的调味品。从现在开始，就让生活充满仪式感吧，不管是父母还是青少年，都将在坚持仪式感的过程中收获满满！

赠人玫瑰，手有余香

一个人不但要爱自己，也要爱身边的人。爱是一种能量，会在人与人之间流转，每个人只要付出一点爱，那么人世间就会充满了爱。有的时候，付出爱之后虽然不会当即得到回报，但是随着时间的流逝，爱会变换为另一种形式，回到我们的身边。也许过了很多年，我们曾经播种的爱的种子，会悄悄地生根发芽，已经成为参天大树，给我们提供阴凉，庇护我们的人生。

青少年要有大爱观，不要把爱理解得那么狭隘。很多青少年以为所谓的爱，就是父母爱他们，他们孝敬父母。这是家庭里的爱，是亲人之间的爱。作为一名中国人，在国家发生灾祸的时候，要坚持一方有难，八方支援；作为一名地球人，在世界发生危难的时候，不能袖手旁观，而是要心怀大爱，积极地帮助地球上的公民。整个世界上，所有人的命运都息息相关。把视角放得更开阔一些，整个宇宙也是命运共同体。作为青少年，一定不要吝啬付出自己的爱，不管何时，都要积极地做爱的传播者，把大爱洒满人间。

寒冷的冬日里，鹅毛大雪漫天飞舞，一个瘦小的男孩拿着一筐日常用品，艰难地在雪地里跋涉。因为天气异常寒冷，街道上空荡荡的，很多人家都紧紧地关着门,抵挡着肆虐的寒气。小男孩又冷又饿,心灰意冷:他原本准备卖掉这一筐日用品赚钱,积攒学费,但是从早晨到现在,他已经走了五六个小时了,却连一分钱都没有赚到。小男孩原本还立志要用功读书,将来当一名医生呢,现在他忍不住想要放弃,不想再这样艰难地凑学费了。

小男孩走过街道,来到郊区。郊区人烟稀少,他走了很久,才来到一户人间的门前。他犹豫片刻,抬起手敲门。过了一会儿,一个年轻女孩走过来打开门,小男孩怯生生地问:"请问,可以给我一杯水喝吗?"年轻女孩赶紧点点头,对小男孩说:"好的。你稍等一会儿。"说完,年轻女孩就回到屋里。过了有五分钟,年轻女孩才回来,她端来了一大杯热牛奶,递给小男孩。小男孩把筐放在地上,用两只手捧着热牛奶,说:"谢谢。"他小口小口地喝着牛奶,渐渐地,他的手暖和起来,身上暖和起来,就连心里也变得更温暖了。小男孩终于喝完了牛奶,对年轻女孩说:"请问,我应该付你多少钱?"小男孩很清楚,他的口袋里空荡荡的,连一分钱都没有。年轻女孩笑着说:"你不用付钱。奶奶告诉我,赠人玫瑰,手有余香。"小男孩向着年轻女孩道谢之后,拎起筐,步伐坚定地朝前走去。

若干年后,当年的年轻女孩已经成为中年妇人,她身患重病,奄奄一息。她在本地四处求医,都没有医治好疾病,只好去了大城市。中年妇人的病很奇怪,大城市的医院马上组织会诊。一个叫爱德华的专家看到中年妇人的家乡信息后,突然想起了当年的那杯热牛奶。他当即跑向病房,隔着病房门,看到了那张熟悉的面孔,依然那么美丽,依然那么友善。他成了中年妇人的主治医生,组织全部的医疗力量,对中年妇人进行治疗。后来,中年妇人痊愈了。护士拿着厚厚的一摞缴费单走过来,中年妇人忐忑不安:"这需要多少钱呢?我再也没有钱可以支付医疗费了。"她从护士手中接过缴费单,第一眼就看向缴费栏目,却看到缴费栏目赫然写着:"一杯牛奶。爱德华医生。"中年妇人的眼眶湿润了,眼前浮现出当年的小男孩倔强地走在雪地里的背影。

当年,那个年轻女孩给了饥寒交迫的小男孩一杯牛奶,她一定没有想到,若干年后,这杯牛奶会给她带来如此巨大的回报。其实,爱就是这样传递的,并没有固定的路径,也不会在很短的时间内就得到回报,但是爱从不会消失。每个人付出的爱都会成为一种能量,在人与人之间流转,成为温暖世界的力量。

作为青少年,一定不要吝惜自己的爱。帮助别人的同时,我们就已经得到了最好的回报,那就是帮助人的快乐。至于爱是否还会回转到我们的身边,那就是命运的安排,只要坦然接受就好。

别让爱成为误解的源头

得到爱，原本应该是人世间最幸福的事情，然而，不知从何时起，爱变成了一种沉重的负担，变成了不可言说的痛楚。这都是因为缺乏尊重为基础，也没有坚持平等的原则，所以爱才会变了味道，变了模样，变了本质。

青少年在成长的过程中，得到了父母和长辈无微不至的关爱，这些关爱中，有一部分是青少年所需要的，是青少年成长的养料，有一部分却是青少年不需要的，甚至是害怕接受的。然而，父母和长辈往往打着爱的旗号，强求青少年接受所有的爱。在父母潜移默化的影响中，青少年对爱也会产生误解，觉得爱就是一定要给予，就是必须接受。渐渐地，他们也会形成关于爱的错误观点，对爱的表达也不那么到位。

爱的本质是什么呢？有人说是付出，有人说是理解，有人说是包容，有人说是体谅……每个人对于爱都有不同的理解，也有不同的需要。要避免让爱成为误解的源头，父母要教会青少年尊重。爱，首先应该是尊重，其次才是人们需要的其他东西，如理解、包容、忍耐等。如果没有尊重为前提，爱就不会存在。也只有在尊重的前提下，爱才不会成为误解的源头。所谓尊重，就是要认真倾听他人内心的声音，要想方设法满足他人情感的需求，要给予他人真正需要的，而不是把我们想要付出的强加于人。

记得有一个故事，名字叫《妈妈最爱吃鱼头》。小雅小时候家里很穷，难得吃一次鱼，妈妈总是把鱼肚子上的肉都挑给小雅吃，自己则吃没有肉的鱼头。有一次，小雅趁着妈妈不在家，也尝了尝鱼头，但是她觉得鱼头一点儿都不好吃，不知道妈妈为何吃得津津有味。小雅长大了，知道妈妈爱吃鱼头，只是想把鱼肚子上的肉给她吃而已。后来，小雅参加工作了，能赚钱了，就把妈妈接到身边生活。每次吃饭，小雅都把鱼肚子上的肉给妈妈吃，自己吃鱼头。为此，她们母女俩总是争执谁更爱吃鱼头。

有一次，小雅带着妈妈去饭店吃饭，妈妈点了饭店的招牌菜"剁椒鱼头"。小雅忍不住笑起来，说："妈，您吃了一辈子鱼头，还没有吃够吗？您知道吗，我最大的心愿就是再也不让您吃鱼头。"妈妈一本正经地对小雅说："小雅，妈妈真的喜欢吃鱼头，不是你想的那样才爱吃鱼头的。"小雅灵机一动，问妈妈："如果有一条大鱼，就您一个人吃，吃不完就要倒掉，您选择剩下鱼的哪个部位？"妈妈沉吟片刻，说："鱼尾巴。我会先吃鱼头，再吃鱼肚子。最后，只能对鱼尾巴忍痛割爱。"小雅惊讶地看着妈妈，问："您是真的爱吃鱼头？"妈妈点点头。小雅忍不住哈哈大笑道："那我这几年每次都和您抢鱼头吃，其实我一点儿也不爱吃鱼头，我最爱吃鱼尾巴。"妈妈也笑道："是啊，每次看到你吃鱼头我都很馋呢！"小雅说："好吧好吧，以后鱼头就交给您承包了，我承包鱼尾巴，鱼肚子谁爱吃谁吃吧！"妈妈和小雅从此再也不为谁吃鱼头而争执了。

说起吃鱼，很多人第一时间就会想到，女人在当女儿的时候，都爱吃鱼肚子，自从当了母亲，就开始爱吃鱼头，其实只是把最爱的鱼肚子给了最爱的孩子吃而已。孩子长大了，知道心疼妈妈了，就会和妈妈抢着吃鱼头。虽然有些孩子的确以这样的方式孝敬了妈妈,但是也有些孩子因此而剥夺了妈妈吃鱼头的权利,如事例中的小雅。

相爱的人最喜欢为对方着想,却也不要忘记聆听对方真实的心声、了解对方真实的喜好,这样才能真正做到投其所好。如果因为爱而误解了对方,虽然是甜蜜的误解,却也会闹出乌龙事件。青少年不管是对父母,还是对同学、朋友,既要付出爱,也要多与他人进行沟通,这样才能避免因爱而产生误解。

现实生活中,因为爱而产生误解的事情很多,起源就是相爱的人都一心一意地为对方着想。细心的青少年会发现,在很多影视剧中,原本是可以皆大欢喜的剧情,偏偏因为大家都把爱放在心底,只用实际行动去表达爱却不说出来,反而使得结局不那么圆满。正如一首歌里唱的,爱要大声说出来。作为青少年,更要把爱说出来,让爱的人明明白白、真真切切地感受到爱,从而彻底避免产生误解。

爱自己，才能爱他人

每个青少年都知道要爱世界，爱他人，心怀博爱，但是他们唯独忽略了要爱自己。有的青少年觉得爱自己是自私的表现，其实不然。试问，一个人如果连自己都不爱，又如何去爱别人呢？所以说，爱自己是爱别人的前提条件，也是爱这个世界的前提条件，爱自己是每个青少年都要做到的事情。也有的青少年虽然知道应该爱自己，却不知道如何爱自己。其实，爱自己的方式有很多，最重要的是做到以下几点。

首先，不要苛责自己。很多青少年都会对自己提出过高的要求，一则是因为父母望子成龙、望女成凤，二则是因为青少年本身也很积极地追求上进，与同学朋友之间展开竞赛。不管是努力实现父母的期望，还是与同学朋友形成竞争的态势，这些都没错，但是过于苛责自己，却会使青少年感到沮丧失落，也会丧失信心。青少年在对自己提出要求的时候，一定要把握适度和可实现的原则。

面对过高的目标，青少年不管多么努力都始终无法达到目标，日久天长未免会怀疑自己，也会失去信心。那么，怎样的目标才算适度呢？目标过低，也无法对青少年起到激励作用。所谓适度，就是青少年需要通过一定程度的努力才能实现目标。努力够一够，对青少年而言是很好的状态，可以让他们不满足于现状，更加积极地进取。这样一来，青少年就不会因为不能实现既定目标而苛责自己、否定自己，在获得小小的成功之后，他们还会感到很有成就感，非常自信，这对于青少年的成长是很有好处的。

其次，允许自己犯错误。很多父母一旦看到孩子犯错误，就会严厉地批评孩子，甚至还会口不择言地给孩子贴标签，伤害孩子的自尊心。每一个人在成长过程中都会犯各种各样的错误，尤其是孩子，人生阅历有限，也没有掌握太多的知识，更是会因为各种原因而犯错误。面对孩子的错误，父母不要不分青红皂白就批评孩子，这样一则会打击孩子的自信，二则会让孩子变得畏缩胆怯，不敢再次尝试。父母要知道，犯错误正是孩子成长过程中不可避免的重要环节。面对孩子的错误，父母要理性对待，如果孩子是因为尝试和创新而犯错，父母还要多多鼓励孩子。只有父母对待孩子的错误的态度非常端正，孩子对于自身的错误才能避免反应过度。孩子要允许自己犯错误，要相信失败是成功之母，也要坚持实践出真知。孩子与其为了避免犯错就什么也不做，不如积极地尝试，勇敢地犯错，这样至少可以吸取教训、积累经验，从而以另一种方式获得成长。

再次，做喜欢的事情，让自己开心。很多青少年从小就习惯了对父母言听计从，虽然不断地成长，有了自己的想法和主见，但是他们依然不敢忤逆父母，依然听从父母的话。对于父母要求他们做的事情，他们总是勉为其难地去做；对于自己想做的事情，只要父母不同意，他们就说服自己放弃。在这样委屈的状态下成长，青少年即使有朝一日离开家，离开父母的身边，有机会独立自主，也很难马上就成长起来，对生活独当一面。

对于所有的孩子而言，听话都不应该成为好孩子的唯一标准。在进入青春期之后，青少年应该坚持主见，在必要的情况下与父母据理力争。与其总是委委屈屈地做一些不喜欢的事情，不如开开心心地做自己喜欢的事情，前提是要和父母更积极地沟通，尽量得到父母的谅解和支持。

最后，慷慨地对自己进行投资，让自己由内而外地变得更强大。爱自己的方式有很多，投资自己是爱自己最好的方式之一。青少年正处于学习的黄金时期，一方面要跟随学校教育的节奏好好学习，另一方面也可以借助于父母提供的便利条件，发展兴趣爱好。这些学习在短期来看除了能提升成绩之外，并没有太明显的效果，而实际上在时间的沉淀下，它们的作用会持续地发酵，显现出更为强大的力量。

除了要注重学习，青少年还要重视身体健康。青少年处于快速成长的阶段，身高甚至已经超过了父母，仅从表面来看，已经越来越像成人。有些青少年为了学习忽略了身体健康，导致近视眼、驼背等情况的发生。要想有健康强壮的体魄，在整个青春期，青少年都要坚持运动，进行体育锻炼。健康的身体是革命的本钱，也是人生中所有身外之物存在的前提条件。

除了上述所列举的各种爱自己的方式之外，青少年还可以根据自身的实际情况愉悦自己。例如，学习很紧张，考试取得了好成绩，为了犒劳自己，可以吃一顿喜欢吃的美食，也可以奖励自己一个小礼物。在感到疲惫的时候，不要勉强支撑，而是要给自己一些时间爬山、郊游、唱歌等，这样才能放松心情，让自己恢复到良好的状态。

爱自己的青少年，才会热爱生活，热爱世界。他们会以自己为圆心，以爱为半径，把爱洒满人间。爱自己，也是青少年成长中不可或缺的一面，因为只有以爱灌注生命，生命才会绽放异样的光彩！

不给他人添麻烦

如今,很多人都缺少一种品质,那就是不给他人添麻烦。看到这个题目,父母也许会不以为然:不给他人添麻烦,这是理所当然的,很容易就能做到,怎么能算是一种品质呢?的确,不给他人添麻烦是一种本分,但是这种本分,在现代社会中成了一种难能可贵的品质。

很多青少年从小就习惯于接受父母无微不至的照顾,也得到众多长辈的疼爱。渐渐地,他们养成了以自我为中心的思维习惯,即便有朝一日走出家门,走入校门,或者走上社会,也依然认为他人理应为他提供便利。为此,他们在求助于他人的时候,从来不会考虑到他人是否为难,即便得到了他人的慷慨帮助,他们也并不能充分感念他人的恩情,更谈不上回报他人。正是基于这样的思维模式和人际相处习惯,他们在不知不觉的状态下给他人增添了很多麻烦,而他们自己却毫不知情,也不以为意。在这个世界上,只有父母才是无私爱我们且愿意倾尽所有为我们付出的人。除了父母,没有任何人愿意一直对我们付出。如果青少年始终在向他人索求,也始终无所顾忌地给他人添麻烦,就会招致他人的厌烦,导致人际关系紧张。

很多青少年都为人际关系烦恼,如果能够坚持不给他人添麻烦,那么人际关系中的很多棘手问题就会迎刃而解。如何做到不给他人添麻烦呢?首先,牢记孔子所说的"己所不欲,勿施于人",意思就是对于自己不喜欢的事情，不要强加于人。听起来这一点很容易做到，但是偏偏很多人都会犯这个错误。他们面对自己不喜欢的东西，却想将其作为礼物馈赠给他人；面对自己不喜欢做的事情，却强求他人一定要圆满完成。这可是赤裸裸地强迫他人，必然引起他人的反感和厌恶。还有另一种是"己所不欲，定施于人"，更多地出现在父母身上。很多父母都会打着为孩子好的旗号，以爱孩子为名义，对孩子提出过高的要求。例如，父母要求孩子考取名牌大学，孩子也许就会反驳父母："你怎么没考上名牌大学呢？"为了让孩子长高，父母强求孩子每天都要喝一杯纯牛奶，孩子偏偏不喜欢喝，所以父母常常和孩子唇枪舌剑，固执地要求孩子必须喝光一杯牛奶。父母为了孩子着想固然是好的，但是孩子难道连选择是否喝牛奶的权利都没有吗？父母要记住，一切的爱都建立在尊重和平等的基础上，强求他人的爱哪怕初心是好的，也往往给人留下糟糕的印象。

其次，不给他人添麻烦，要设身处地为他人着想，体谅他人的苦衷。很多青少年在求助于他人的时候往往理直气壮，似乎不是在求得他人的帮助，而是在施舍给他人贵重的东西。不得不说，这是不懂礼貌的行为，也会在无意之间就给他人带来大麻烦。每个人都有自己的情况需要处理，如果青少年总是站在旁观者的角度揣测他人的真实情况，强求得到他人的帮助，就会使他人感到很为难。

前段时间，马波因为滑轮滑导致踝骨骨折，不得不在家里休息一个月。他正在读初二，学习任务很紧张，很担心落下课程，因而对好朋友张明提出了请求："张明，每天放学之后，你可以顺路来我家，给我讲讲新知识，顺便告诉我作业吗？"听到马波的请求，张明有些为难：平时，他放学就回家，抓紧时间吃饭，也要到晚上10点半才能完成作业，洗漱之后 11 点睡觉。虽然是顺路去马波家里，但是要给马波讲解知识点，再告诉马波作业，至少要花费 1 个小时，那么他就要 12 点睡觉了。每天早晨，他都 6 点钟起床，原本 7 个小时的睡眠时间已经不足，现在却缩短为 6 个小时，岂不是更加困倦吗？而且，马波一个月都不能上学，他根本不可能这样疲惫地支撑一个月。

思来想去，张明对马波说："马波，你看这样行不行，我每个周末留出半天时间为你答疑解惑，你有什么不懂的都可以问我。至于平时，我真的没有时间，放学之后时间很紧张，你也知道的，每天都要 11 点才能睡觉。"对于张明的安排，马波显然不太满意，说："一个星期给我补课一次，这样的话知识量太大，我根本来不及消化啊！"张明说："你也可以让爸爸妈妈为你请个家教，毕竟你要在家一个月呢，对吧？落下来的课程积累起来，再想补上就很辛苦。"马波不乐意地说："好吧，你不想帮我补课就直说！"从此之后，马波与张明渐渐疏远了。

在这个事例中，马波显然对张明提出了不情之请。所谓不情之请，就是不应该提出的请求，是会使人感到为难的。不过，马波并没有意识到他的请求很过分，对于张明来说无法做到，所以他才坚持让张明以他希望的方式帮助他。对于这样的朋友，张明尽管很想帮助马波，却无法答应马波的请求，因而在力所能及的范围内，提出要在周末集中半天的时间帮助马波，对此马波很不满意。不得不说，马波就是一个给人添麻烦却毫不自知的人。每一个初中生都知道放学之后完成作业的时间很紧张，马波如果能够事先想到张明的苦衷，就不应该提出不情之请。这样一来，马波也就避免了被拒绝的尴尬。

再次，做好自己的分内之事，不让别人给自己背锅。初高中阶段的学习与小学阶段的学习有明显不同，如果说小学阶段的教学主要以灌输为主，那么初高中阶段则开始培养孩子的独立思考能力、动手能力等。为此，老师会开展小组教学、小组实验等方式，让孩子组合成团队，相互帮助与合作。在此过程中，每一个小组成员都应该做好自己的分内之事，这样才能做到不给他人添麻烦，在此基础上如果学有余力，再去帮助其他同学，从而争取得到更好的团队成果。

有些青少年非常热情，还没有处理好自己的事情，就迫不及待想要帮助其他同学，结果反而手忙脚乱地帮了倒忙。这样一来，好心反而做了坏事，也会影响整个团队的进程。

最后，坚持学习，坚持进步，不给他人拖后腿。在团队合作中，团队就像是一个大木桶，而每个人就像是团队中的木板。木桶能够容纳多少水，并不取决于最长的那块板，而是取决于最短的那块板。青少年要避免成为最短的那块板，尽量让自己变得更长。如果每个团队成员都坚持学习，坚持进步，以成为木桶的长板为原则不断努力，那么整个团队就会越来越强大。在团队合作中，除了不给他人拖后腿之外，青少年还要发挥自己的特长，为团队服务，为团队助力。

不给别人添麻烦，看似是一件很简单的事情，实际上做起来很难。青少年除了要做到以上几点之外，还要根据他人的具体情况斟酌权衡。同一件事情，对于这个人而言也许很简单，就是举手之劳，对于那个人而言也许很复杂，会耗费他大量的时间和精力，还未必能取得圆满的结果。所以不管是与他人合作，还是求助于他人，青少年都不要忘记考察他人的情况，多多为他人着想，这样才能提出不让他人感到为难的请求，既能得到他人的慷慨帮助，与此同时，也避免了自己遭遇被拒绝的尴尬，能够处处都受人欢迎。

缺位的生命教育

前几天,在朋友圈看到一篇文章,是与如今的孩子普遍患上"空心病"有关的。看到这个名词,很多人都会感到惊讶:什么是空心病呢?空心病是抑郁症吗?的确,大多数父母对于空心病这个名词还是很陌生的,也因此有很多父母把空心病和抑郁症混为一谈,觉得空心病就是抑郁症。其实,空心病与抑郁症有很大不同,抑郁症患者是因为感到痛苦、焦虑,才会选择结束生命,而空心病患者是因为找不到活着的意义,也不知道自己存在的目的是什么,所以很迷惘、很彷徨,因为生无可恋而选择结束生命。从结果上来看,极度严重的抑郁症和空心病是有共同点的,即都会导致对生命的漠视,也会导致结束生命的极端行为发生。

现代社会,有太多的父母都特别关心孩子的学习成绩,对孩子唯分数是论,而忽略了充实孩子的精神,也忽略了丰富孩子的情感。在目标没有实现之前,孩子的确会受到激励和鼓舞,也为了实现伟大的志向而不懈努力,但是一旦实现了目标,他们就会感到彷徨失措,压根不知道自己应该何去何从。有些孩子十几年寒窗苦读,终于考上了心仪的大学,却如同进入太空失重一样无所适从。他们不可救药地患上了空心病,想要结束毫无意义的生命。

近些年来，年轻人选择自杀的年龄有越来越小的趋势，不仅有初高中生自杀的事件发生，也有小学生自杀的事件偶尔发生。这一切，除了因为孩子成长无忧、心理脆弱之外，也与父母对孩子的生命教育缺失有关系。从家庭教育的角度来说，还与父母从来没有得到孩子的信任密切相关。

在很多的家庭里，父母唯读书论，唯学习论，唯成绩论，唯独忘记了对孩子开展生命教育，唯独忘记了告诉孩子：在父母心中，孩子的生命安全重于一切！如果父母不说，孩子是很难意识到这一点的，尤其是当他们已经习惯了被父母催促着学习，习惯了在考试成绩不理想的时候被父母以各种方式批评，甚至是打骂。童年时期，父母的疼爱和陪伴与他们渐行渐远，尤其是在进入青春期之后，学业任务加重，学习节奏紧张，父母与孩子的关系越来越疏远，感情越来越淡漠，这一切都在让青春期孩子怀疑：我存在的意义是什么？我对父母难道只是学习的机器和炫耀的资本吗？很多时候，不是孩子愿意当空心人，而是父母对爱不恰当的表达，掏空了孩子的心。作为父母，可以不督促孩子学习，可以不盯着孩子进步，却一定要告诉孩子：在任何情况下，生命安全都是排在第一位的，高于一切，重于一切。父母也要告诉孩子，爸爸妈妈最爱的就是他，不管发生什么情况，都要第一时间向爸爸妈妈求助，爸爸妈妈永远是他的坚强后盾，永远都不会弃他于不顾。只有给予孩子这样的信心，孩子才会更有底气也更有勇气面对成长过程中的所有不如意，或者是艰难坎坷。

对孩子进行生命教育，可以培养孩子积极的心态，让孩子知道自己不管何时都有人爱，不管何时都有家可回，这样孩子在面对很多糟糕的情况时，就不会感到手足无措。在教养孩子的过程中，父母一定要有远见，要认识到孩子的成长是漫长的过程，父母既然不可能陪伴孩子一辈子，最重要的就是让孩子积极乐观、勇敢无畏地面对人生的风风雨雨。而不管是勇敢还是怯懦，不管是冒进还是畏缩，所有生命活动的开展，都要以生命存续为基础。积极地拥抱生命，珍惜生命，才能保障孩子健康快乐地成长。

珍惜生命，活着是最大的成功

2020年春节，是一个特殊的春节，因为新冠疫情肆虐，全国人民都放弃了庆祝春节的传统方式，不聚会、不串门、不走亲访友，留在家里进行抗疫。以往每逢春节，大家都会彼此祝福新年发财、万事如意等，2020年的春节，大家的新年祝福变成了平安健康。在威胁生命的新冠病毒面前，很多人恍然大悟：原来，和物质、金钱相比，最重要的是生命。曾经有人说，健康的生命是1，其他的一切都是0；只有跟在1后面，那些0才有意义；如果没有1，再多的0也是虚无。

奥斯特洛夫斯基在《钢铁是怎样炼成的》中说："人，最宝贵的是生命。"生命对于每个人来说，都只有一次机会。的确，生命不可重来，一旦失去，就不再拥有。青少年正值宝贵的青春时期，要知道珍惜生命的深刻含义。首先，珍惜生命，是要珍惜活着的机会。不管是高兴还是忧愁，不管是喜悦还是悲伤，都只有活着的人才能感受到。近些年来，青少年自杀的事件时有发生，这是生命教育的缺失，导致青少年并不能深刻理解生命的含义，也不能真正做到珍惜生命。他们在冲动的状态下选择结束年轻的生命，在生命即将终结的最后时刻，心中也许是无尽的悔恨。所以父母要注重对孩子开展生命教育，让孩子领悟生命的意义，也让孩子具有承受挫折和打击的能力，做到坚决不主动放弃生命。

其次,珍惜生命,还要充实地度过人生中的每一天。大文豪鲁迅先生说,时间是组成生命的材料,浪费别人的时间,无异于谋财害命。那么,浪费自己的时间呢?就相当于慢性自杀。每个生命从呱呱坠地的那一刻,就开始了向死而生的历程。如何度过这一生,是每个人不同的选择。有人选择浑浑噩噩地活着,混吃等死,虽然过了几十年,但是却如同过了一天;有人活得非常充实,非常精彩,从不虚度每一分每一秒,把一天过得相当于别人的3天甚至是30天,把一生过得相当于别人的几辈子。看起来这样的人生紧张忙碌,没有片刻休闲,但却非常充实,非常美好。人生绝不仅仅是时间的空虚流逝,而是作为生命主体的人能够全身心投入地感受生命,体会生命,参与生命的创造。

青少年正处于成长的关键时期,身心都在快速发展,学习能力也得到提升,理应如同海绵吸水一样学习知识,汲取人生的养分,才能为人生奠定坚实的基础,拥有美好的未来。如果在青春期,青少年不愿意学习,更不愿意努力成长,看起来在青春期很轻松闲适,未来真正步入成年,却会因为基础差、底子薄而举步维艰。人生就像甘蔗,不可能两头都甜。是先甜后苦还是先苦后甜,取决于每个人的选择,然而明智的人都会选择先苦后甜。这是因为在年轻力壮的时候如果不努力,将来老了身体衰弱精力不济,再想努力已经晚了。与其晚景凄凉,不如趁着年轻全力以赴地拼搏,才会有美好的未来。青少年今日的努力奋斗,是为了将来长大成人能够有所成就,有所贡献,将来老了可以安享晚年。如果青少年现在不努力,贪图玩乐,那么长大成人之后就会生活艰难,将来老了更是有吃不完的苦、受不完的罪。正如人们常说的:"不拼搏,不奋斗,你要青春做什么。"每一个青少年都要牢记这句话,才能从现在开始就全力以赴,为未来夯实基础。

当然，高质量地活着，这是每一个人的追求，也是每一个人一生的终极目标。有一句话是这样说的，既然哭着也是一天，笑着也是一天，为何不笑着度过人生的每一天呢？把这句话套用在青少年身上再合适不过，既然认真学习是一天，游手好闲也是一天，而且这一天注定要在学校里面对着老师和同学度过，为何不认真学习度过充实的一天呢？也许从眼下来看，青少年学习的知识与生活的关联并不很密切，甚至也没有显著的作用，但是终有一日，青少年到达更高的人生阶梯上，就会发现现在点点滴滴的努力都终将为人生奠定坚实的基础，成为人生中最不可或缺的底牌。

活着有很多种方式，作为青少年，一定要选择最积极的方式，全身心投入地拥抱生命，全力以赴地创造独属于自己的精彩人生。在面对所有的坎坷挫折和磨难，甚至在面对突如其来的人生不能承受之重时，都不要冲动地做出有损于生命的事情。人生中，很多事情看似令人无法接受和承受，但最终都会随着时间的流逝被抚平伤痛。曾经有人采访那些遭遇生命重创的人，他们或者因为车祸失去了双腿，或者因为疾病每天都忍受痛苦，或者在遭受突然的打击之后奄奄一息，苟延残喘，总而言之，他们活得很痛苦，但是他们无一例外地想活。有些原本正值壮年的人突然遭遇灾难，失去了身体的重要组成部分，在灾难发生之初常常想要结束生命，却最终坚强地活下来。等到回首往昔时，他们忍不住感慨："我原本以为灾难发生之后不能继续活下去，却发现灾难改变了我，也引领我找到了新的生活方式，开始了完全不同的人生。"

人们常说，好死不如赖活着，正是告诉我们生命的宝贵。青少年在任何情况下都要珍惜生命，都要努力活好人生中的每一天。人生是一场没有归途的旅程，在旅程中，既有风和日丽、晴空万里，也有狂风大作、暴雨如注。只要心境坦然，绝不怨声载道，就能从不一样的旅程中看到别样的风景。人生之中，金钱物质固然重要，但是生不带来死不带去，更重要的是对生命的感受与感悟。记得有一首歌里唱道："我能想到最浪漫的事，就是和你一起慢慢变老，一路上收藏点点滴滴的欢笑，留到以后坐着摇椅慢慢聊。"虽然这首《最浪漫的事》是唱给爱人的，但是我们也可以把它唱给自己听。摒弃身边的浮华名利，更用心地投入生活，毫无保留地向生命奉献热情，脚踏实地地走过人生中的每一步，等到老了的时候，曾经青春年少的你才有更多值得回忆的过往，才有值得骄傲的人生历史。

后 记

  现代社会提倡正能量，青少年作为祖国的花朵，作为民族的希望，更是应该坚持正道，培养积极的心态，就像早晨的花朵一样迎着朝霞绽放。然而，偏偏有很多青少年面临心理问题，他们或者觉得自己运气不佳，没有有权有势的父母为自己撑腰；或者觉得自己付出了也没有得到回报，因而放弃努力，每天都浑浑噩噩；或者觉得自己怀才不遇，明明才华横溢，却得不到老师的认可和赏识，明明志向远大，却总是被父母嘲笑和嫌弃……在这些消极思想的影响下，青少年非但没有朝气蓬勃，反而蔫头耷脑。

  每一个父母都望子成龙、望女成凤，拼尽全力为青少年创造最好的成长环境，提供最好的成长条件，也不惜花费大量的金钱为青少年报名参加各种培训班、补习班、兴趣班等，却从未问问青少年真正想要得到怎样的帮助。当父母所给的并非青少年所急需的，反而会让青少年感到迷惘和困惑。

  作为父母，需要学会如何与青少年沟通，让青少年积极乐观地面对很多问题。俗话说，十年树木，百年树人。对于每一个青少年而言，当务之急并非学习知识，而是培养积极的心态。只要拥有积极的心态，哪怕遇到挫折，青少年也会继续努力；只要拥有积极的心态，哪怕遭遇失败，青少年也会再次勇敢地尝试。

现实生活中，青少年的表现如何呢？因为从未经历挫折教育，他们只能接受成功，不能接受失败。作业太多、考试成绩不理想、与同学闹矛盾等学习和生活中的常态，都会让青少年的情绪如同坐了过山车一样起伏不定，甚至有青少年因此自杀。为何生命在青少年的心中如此轻飘飘，毫无分量呢？是因为生命教育缺失，很多青少年都不能理解生命的含义，更不知道生命的可贵。

面对着青少年脆弱的心理承受能力，父母更加如履薄冰，他们不敢批评青少年，每说一句话之前都要想一想是否会引起严重的后果。试问，父母在家里把青少年捧在手里怕摔了，含在嘴里怕化了，有朝一日青少年走入社会，谁还会像父母一样小心翼翼地对待他们？与其让青少年长大之后猝不及防地面对现实的残酷，明智的父母会从现在开始，就着手培养青少年积极的心态，让青少年从温室里的花朵，变成"野火烧不尽，春风吹又生"的野草，具有顽强的生命力。